双动量投资

高回报低风险策略

[美] 加里 · 安东纳奇（Gary Antonacci）著
牛红军　许增坤 译

DUAL MOMENTUM INVESTING

An Innovative Strategy for Higher Returns with Lower Risk

中国人民大学出版社
· 北 京 ·

图书在版编目（CIP）数据

双动量投资/（美）加里·安东纳奇（Gary Antonacci）著；牛红军，许增坤译．—北京：中国人民大学出版社，2018.1

ISBN 978-7-300-25112-7

Ⅰ.①双… Ⅱ.①加…②牛…③许… Ⅲ.①股票投资 Ⅳ.①F830.91

中国版本图书馆 CIP 数据核字（2017）第 271976 号

双动量投资

高回报低风险策略

［美］加里·安东纳奇（Gary Antonacci） 著

牛红军 许增坤 译

Shuangdongliang Touzi

出版发行	中国人民大学出版社		
社　　址	北京中关村大街 31 号	**邮政编码**	100080
电　　话	010－62511242（总编室）		010－62511770（质管部）
	010－82501766（邮购部）		010－62514148（门市部）
	010－62515195（发行公司）		010－62515275（盗版举报）
网　　址	http://www.crup.com.cn		
	http://www.ttrnet.com（人大教研网）		
经　　销	新华书店		
印　　刷	北京德富泰印务有限公司		
规　　格	148 mm×210 mm　32 开本	**版　　次**	2018 年 1 月第 1 版
印　　张	8.625 插页 2	**印　　次**	2018 年 1 月第 1 次印刷
字　　数	131 000	**定　　价**	66.00 元

赞誉

这是一本关于各种形式的价格动量如何形成及利用指南的好书，我强烈建议投资者阅读。

——詹姆斯·奥肖内西，《投资策略实战分析》作者，奥肖内西资产管理公司董事长兼首席执行官

加里·安东纳奇带我们全面考察了各种投资方法，分析它们的优势和劣势，并用案例有力地说明了绝对动量和相对动量如何结合。我认为《双动量投资》是基金经理、投资者的基本参考书。

——艾迪·塞柯塔，华尔街天才交易员

我很了解加里·安东纳奇的写作天赋，他在 2012 年我主持的全美投资经理人协会瓦格纳奖论文比赛中获得了第一名。《双动量投资》是研究动量驱动投资的一个宝库。在对历史动量的著述进行全面和有启发性的回顾，以及对现代投资组合理论进行简要的评述之后，他清楚地表明，任何认真对待长期战略的人都会发现，书中介绍的方法便于操作。这是一本最棒的书，不仅合乎逻辑，而且易于掌握。

——格雷戈里·莫里斯，施塔迪翁首席技术分析师和投资委员会主席，《趋势投资》作者

加里·安东纳奇提供了一个清晰且有学术价值的动量投资策略的成功案例。它的定量性质可以帮助你避免行为偏见，试一试你就会上瘾！

——约翰·诺夫辛格博士，阿拉斯加安克雷奇大学金融系主任，《投资心理学》作者

加里·安东纳奇的《双动量投资》是艾迪·索普的《击败庄家》和塞思·克拉曼的《安全边际》的结合体。双动量投资思想成熟，且经得起检验，让投资者“做你所知，懂你所为”，这是一本绝对不容错过的好书。

——克劳德·厄尔布，TCW 集团前执行董事

《双动量投资》将永远改变你对投资和资产配置策略的看法。对个人投资者和资产管理者来说本书都是必读的。

——鲍勃·弗洛里希，德意志资产管理公司前副董事

加里·安东纳奇的双动量投资提供了一个奇妙而又有价值的观点。即使对于资深投资者，本书亦可提供较为丰富的内容，可读性极高。加里在学术理论研究与新兴领域的实践应用方面齐头并进，皆有建树。

——维克多·李希阿迪，《投资者行为：金融规划与投资心理学》联合主编

很少有作者能以如此接地气的方式来评论诸家投资理论和实践。甚至几乎无人能够在这方面做出真正有用的贡献。然而，加里·安东纳奇的《双动量投资》实现了两者。

——杰瑞·沃尔德伦博士，孟菲斯大学前金融学助理教授，纽约大学斯特恩商学院前管理学助理教授

加里·安东纳奇的《双动量投资》开启了一个一直被人们忽视的秘密世界——动量投资，几十年来这个秘密一直隐藏在我们眼前。这本书让我们看到动量投资的威力。

——库特·鲍威尔，B&J 有限责任公司董事长

序言

2013 年诺贝尔经济学奖得主和有效市场假说理论之父尤金·法玛（Eugene Fama）把动量描述为“无处不在”。法玛博士不是讲话随便的人。尽管动量无处不在，但令人感到奇怪的是，它仍普遍被投资者误解。幸运的是，现在加里·安东纳奇（Gary Antonacci）填补了这个空白。加里的《双动量投资》可谓“超越理论和实务”的经典之作，它跨越了理论专家和实务者之间的鸿沟：前者可以在浩如烟海的学术期刊中，呈现他们对于动量异常现象细致入微的理论研究，后者则运用他们对于动量的模糊了解而获取超额收益。加里运用他在这两个领域的专业知识，创造了一个以动量为基础的资产配置策略，非常扎实、简单且可行，而历史记录也显示，这套策略获得了相当可观的风险调整后收益。

如果各位仍对加里的双动量投资策略哲学持怀疑的态度，是完全可以理解的，因为我也曾经如此。为了了解动量，我曾看过很多二流甚至完全无效的运用。任何务实的研究者都会告诉你："你可以选择相信，但一定要去验证"，经过我们广泛而严格的研究，各种证据都清楚地表明，加里的这套简单、直观以及全面的模型，值得大家花时间去了解。

我有位好友曾经在全球最大的新兴债务市场担任做市商，现在虽然才 40 岁，但他已经决定退休搬到迈阿密。他曾经告诉我："价格上涨吸引买方，价格下跌吸引卖方。"换句话说，我这位朋友说的就是所谓的"动量"。加里把每位交易者都能直观地了解和使用的动量现象带到了更高层次，并且被所有投资者接受。

为何像《双动量投资》这样的书籍要花费那么大工夫才能问世呢？答案很显然：这样的书籍需要特别的作者，而加里只有一个。在动量世界里，他是非常特别的一位。我与加里的关系，来自一段"博客浪漫史"。我当时正在为一个致力于推广计量投资方法的博客 TurnkeyAnalyst. com 寻找有关动量的著作，加里的文章《绝对动量：一种以法则为基础的简单策略以及普遍适用的顺势操作策略》(Absolute Momentum: A Simple Rule-Based Strategy and Universal Trend-Following Overlay) 刚好摆在我的桌子上。我当时的直观想法是："又来了——又一位假装严肃学术研究者的实务门外汉"。但当我开始认真阅读加里的文章后，它给我留下了深刻印象。这篇文章写得很好，简单明了，结构符合逻辑，就像阅读一篇发表在学术期刊上的文章。我不了解这位作者为何没有被大学聘用，我必须深入了解。

经过电子邮件和电话的多次沟通之后，我决定亲自和加里会面。与很多博客浪漫史的进展一样，我们安排了一个"怪咖约会"，准备在太浩湖举办的 2013 年西部金融协会年会上碰面。我在凯悦酒店的大厅等着，看着一群著名和不著名的学者穿梭于各个会场。此时，一位满头卷发，身着牛仔裤和短袖带领 T 恤的男子，穿过华丽的双开门很自信地步入大厅。他并没有装出那种学术范儿：身着尼龙外套，手拿可乐罐。我指向他，问道："加里，是你吗?"加里面带微笑地回答："威斯? 嗨，我们要赶快走才能来得及参加回报相关的资本研讨会!"从此，我们通过博客建立起来的关系，开始绽放绚丽的浪漫花朵。

我们已经有点迟到了，所以我们径直跑出大厅直奔湖边，这时候金融研讨会已经开始了。到达的时候，我们满头大汗，气喘吁吁，可能是不合时宜地直接闯入会议厅，让 50 多位金融学教授直勾勾地盯着我们看。于是，我建议："加里，让我们稍微平静一下，去拿杯咖啡，等下一场专题会议再参加。"当时完全没有想到，我将会听到一场专题讲座，远胜过那些会议室里正在举行的专题讲座。

加里和我拿着咖啡，在外边漫步交谈，开始聊起他的背景。"我参加过美国陆军，想成为一名医护兵……"我打断他的话，"等等，你是越战退伍军人？我曾是美国海军陆战队的上尉，伊拉克战争的退伍军人。"我们彼此相视，觉得这种巧合非常有趣。我知道，军事背景通常会形成让人们更适合生存于投资世界的人格特质。接着，加里继续描述他的独特背景："是的，我还做过很多有趣的事。我在印度生活了几年，有一段时间担任喜剧魔术师，曾经是得奖的艺人，我还在哈佛商学院获得了 MBA 学位。"因为有所困惑，我不得不打断他："你说什么？"

大约过了一个小时，我听着加里描述他在这些年的各种冒险经历，我的头脑已经不再打转，并情不自禁地问道："加里，听起来你好像从来没有想找一份真正的工作——你为什么不做一名学者呢？你绝对可以的！”当然，正如我所料想的，他回道：“威斯，听你这么问我觉得很有意思，我在你这个年纪的时候，差点走上了跟你一样的路。我曾经申请了芝加哥大学金融学博士，并且被录取了。我当时真的想成为学术研究者。”一切都变得合理了。我问：“后来怎么了？”加里好像对所有的问题都已经备好了答案，回答说：“我几乎要接受这次机会，但是当时我通过交易选择权赚了很多钱。而且，我也不相信有效市场假说理论，我担心读了博士就得放弃赚钱，因为他们说市场是无法被击败的。”我琢磨着加里的回答，想着如果我面临着同样的机会，是否会做出相同的选择。

那么，这个故事有什么启示？我为什么花费那么多的工夫来介绍我和加里的关系和经历？我希望读者能够像我一样认识到，加里是位具有特殊才华的特别人士。加里有能力整合不同的研究领域，然后透过最简洁的表达方式，使得像我这种对于动量概念似懂非懂的门外汉，也能明白究竟是怎么回事。千万不要误会，加里所做的是一项极具挑战性的工作。这需要广泛的知识，以及衔接不同领域的能力。之所以我知道，是因为我也曾尝试过。我对于价值投资与行为金融学的研究，使我有机会和别人合作完成了一本有关价值投资的书

《计量价值》(*Quantitative Value*)。我得出了和加里类似的结论。书中提到:(1)我绝不会成为巴菲特;(2)历史数据告诉我们,结合一套系统性的决策程序和一套合理的投资哲学,是长期积累财富的明智之举。

加里的书也提醒我:(1)我不可能像加里一样写得如此简洁;(2)动量投资是最重要的异常现象,甚至比价值异常现象更重要。我感觉自己有点嫉妒了。

我很想知道,读者对于加里这本有关动量投资的力作有什么看法。不同于价值投资领域充斥着太多的所谓"经典",在动量投资领域的确不存在称得上"经典"的著述。加里的著作可能会立即成为经典之作。我相信这本《双动量投资》应该摆在每个人动量书架的首位。希望大家像我一样喜欢这本书,更重要的是,也希望大家能从中有所收获并成为更棒的投资者。

卫斯理·R. 格雷博士

Empiritrage 执行委员会委员

《计量价值》的合著者

前言

股票市场获利，就像妖精的宝藏。

有时候，它是红宝石，有时候又变成煤炭。

有时候是钻石，有时候又变成鹅卵石。

有时候，它是曙光女神留在甜蜜绿叶上的泪珠，有时候只是泪珠而已。

——约瑟·德·拉·韦加（José de la Vega），《混乱中的混乱》（*Confusion of Confusions*），1688

著名金融经济学家安德鲁·罗（Andrew Lo）曾经说过："买进-持有策略已经不再适用。资产价格波动真的太厉害，几乎任何投资都有可能会突然风险大增。”甚至沃伦·巴菲特的波克夏·海瑟威公司都曾经在 1989 年之后，价值两次折损将近 50%。

PIMCO 的前老板穆罕默德·艾尔-阿利安（Mohamed El-Erian）说，“单单使用分散投资的策略，已经不足以减少风险，你需要使用更多工具来管理风险。”长久以来，分散投资一直被视为投资活动唯一的免费午餐。现在，有人必须为午餐买单了。由于金融市场彼此间的整合程度越来越高，相关性也越来越强，多种资产的分散投资再也无法保证市场不会发生严重损失。这种程度的损失，可能会导致投资人过度反应，并因此决定再也不进行投资，结果把原本暂时性的挫折，变成了永久性的损失。

我们现在需要一种新的范式，能够针对市场风险进行动态调整，保障我们的资产安全，免受今日波动剧烈、变化莫测的市场行情的损害。我们需要借助某种方法，赚取高于市场平均水平的长期回报，但又要能够降低回撤风险。本书将证明动量投资能够帮你实现这些目标。

动量，即绩效的持续性，过去 20 年来一直是备受重视的研究领域。学术研究表明，从 19 世纪开始至今，动量都是一种有效的策略，而且适用于几乎所有的资产类别。经过多年严谨的探究，学术界终于承认动量是能够赚取风险调整后的高回报的不二策略。

对于主流投资人士来说，动量大体上还是个未经开发的处女地。我写此书的目的，就是要跨域学术界与投资界的鸿沟。学术界对于动量的研究已经比较深入，而投资界对此的运用还非常有限。

本书的第一个目标，是要解释动量原理，让读者能够轻松了解并认识动量。我将简单叙述动量投资的历史，帮助读者快速掌握现代金融理论，提出动量之所以能够有效运作的几种可能的理由。然后，我们观察各种资产选择，以及替代性投资方法。最后，我会说明双动量——结合相对强度与顺势操作策略——为什么是最理想的投资方法。

我设计出一种简单易行的双动量运用方法，我将其称为“全球股票动量”（Global Equities Momentum，GEM）。我只采用一种美国股票指数、一种不包含美国的全球股票指数，以及一种综合债券指数，使用 GEM 投资方法，我所获得的长期投资回报率，可以是世界股票市场过去 40 年的两倍，而且还可以避开空头市场的损失。

我发现，人们花费许多时间和精力试图积累财富，却没有用同样认真的态度，去研究并寻找一种保护与创造财富的最佳方法。沃伦·巴菲特认为，风险来自我们不知道自己在做什么。本书试图纠正这些错误认识，并将投资引导到正确方向。

我尽力让绝大多数读者觉得本书有趣也有用。本书增加了相当高级的素材，让想要深入了解这个主题的读者能够满意，但也尽可能让本书内容通俗易读，方便一般读者阅读。好了，让我们开始！

目录

第一章

全球首支指数基金

不要相信专家。

——约翰·肯尼迪

现在指数基金已经被广为人知。很多人以为，是当时任职于富国银行、后来的巴克莱全球投资人约翰·麦克奎恩（John McQuown）和比尔·福斯（Bill Fouse）在1971年创立了第一支指数基金，他们帮 Samsonite 退休基金投资了纽约证券交易所（NYSE）所有挂牌股票。其实，这种说法并不准确。让我告诉各位真实情况。

1976 年我任职于美邦公司，一次偶然的机会，我发现了真正的第一支指数基金。当时，美邦公司是备受推崇的投资银行和机构经纪商，类似于高盛、所罗门兄弟和第一波士顿等机构。如同当时华尔街其他公司一样，美邦公司希望获得更多的零售经营管道，所以美邦并购了一家以经营零售为主的经纪商 Harris Upham。像这类并购后的例行公事一样，美邦公司裁掉了原公司的冗员。但是，Harris Upham 的场外交易部门（OTC）有很强的竞争力，由鲍勃·汤普（Bob Topol）领导并负责所有 OTC 业务。

当时还没有电子市场。为了买卖 OTC 证券，你必须给各经纪公司打电话询问，核实每个做市商的报价差。顶尖的 OTC 做市商可以成为公司最核心盈利点。这不只是因为 OTC 证券的报价差有时候拉开的距离足够一辆小轿车通过。顶尖的 OTC 做市商之所以能帮公司赚钱，也因为他们善于管理 OTC 存货。他们可以调整买/卖报价，做大他们喜欢的股票的头寸，做小或者卖空他们不喜欢的股票。鲍勃是业界最顶尖的选股高手。一些最优秀的机构投资者都想跟他来往，以了解鲍勃对于他们认可的股票的看法，而且鲍勃也能够帮助他们透过其管理的高流动性存货进行大额交易。

美邦公司对于鲍勃的加入感到非常荣幸。公司经常派他到各地的办公室，让大家有机会向鲍勃学习，了解他的业务经营方式。公司合并后，鲍勃很快来到我们办公室，向我们说明他能帮我们做些什么。可是，真正让我大开眼界的并非鲍勃本身或者他的作为，而是他告诉我们的故事。

鲍勃大约是午餐前一小时到达，向我们解释 OTC 做市的一些窍门。很显然，这方面知识正是鲍勃备受推崇和尊敬的原因。一位同事恭维鲍勃杰出的交易技巧和获利能力。鲍勃非常感谢他，回到座位上，停了一小会儿，然后不经意地说："是的，我做得还不错，但各位想听听还有谁做得比我更好吗？事实上，这个人做得比我所认识的所有人都好。"

我们很快都坐了下来。鲍勃完全掌控着我们的注意力。我们疑惑地看着他，鲍勃紧接着说："我所认识的这位最棒的投资人——她的表现超越我熟识的所有职业经理人——就是我的夫人迪伊（Dee）。你们想听听她是如何做到的吗？"

这个时候即使有野人走进房间，大概也不会有人注意。鲍勃——业内最顶尖的交易员和做市商之一，通常都与全球最好的基金经理人进行业务往来，却认为他太太比所有这些职业经理人都更出色。现在，他准备告诉我们，她是如何做到的。此时正如一些人说的，你几乎可以听到细针掉到地上的声音。

没有理会我们这些惊呆的人，鲍勃继续说："迪伊向来都很爱国。于是，在几年前，她决定买进所有名称中含有 U. S. 或 American 的股票，她买了诸如 U. S. Steel、U. S. Shoe、U. S. Gypsum、U. S. Silica、American Airlines、American Brands、American Can、American Cyanamid、American Electric Power、American Express、AmericanGreetings、American Home Products、American Hospital Supply、American International Group、American Locomotive、American Motors、American South African、American Telephone & Telegraph、British American Tobacco、North American Aviation、Pan American Airlines 等，以及很多小企业的股票。"

听到这些，我们有些人笑了。我们不知道鲍勃是认真的，还是在和我们开玩笑。但是，鲍勃看起来很认真，并继续说道："迪伊的这种做法效果很好。几年后，她想要再买些股票。由于她很欣赏艾森豪威尔将军和麦克阿瑟将军，于是决定买进名称里有将军（General）的股票：General Dynamics、General Electric、General Mills、General Motors、General Maritime、General Steel、General Telephone、Dollar General、Mercury General、Media General、Portland General Electric 等。从此，迪伊的投资组合表现就一直好于我认识的其他任何人，这的确是事实。"

听到这段故事，大家都觉得很有趣，然后我们就休会并外出午餐。可是，随后的几天，甚至几个礼拜，我都一直思考着迪伊的投资行为。迪伊本身有着投资方面的背景，她不仅跟鲍勃结婚将近 30 年，而且她父亲也拥有一家 OTC 做市公司。我不断问自己，迪伊为什么能运用如此幼稚的策略而胜过全球最顶尖的基金经理人。难道只是因为运气太好吗？经过几个礼拜，我逐步找到了答案。

成功的理由

首先，迪伊的投资组合几乎没有涉及交易成本。她买进股票后就一直持有。当时佣金费率相当高，这显然形成了显著的成本优势。另外，迪伊持有的永久性投资组合，不会因为受行情起伏的情绪化反应而做出不准确的买卖决策。稍后我们就会看到，这会显著拖累投资回报。

投资组合不周转，决策程序不受情绪干扰，然而这并不是故事的全部。迪伊也不需要支付任何管理费用。相较于共同基金或其他管理计划的投资人，这起码每年可以帮她节省 1%。

最后，迪伊的投资组合非常分散。当时，大多数投资组合的情况并非如此。投资人通常会有某种特殊投资风格的偏好，例如防御型、成长型、大盘股等。当时，类似雅芳、可口可乐、迪士尼、IBM、柯达、麦当劳、默克药厂、宝丽来与施乐等“热门股”，都受到市场追捧。这些当代所谓的“50 大热门股”，市盈率通常很高。举例来说，20 世纪 70 年代，麦当劳的市盈率为 68 倍，强生为 62 倍，可口可乐为 48 倍。如此偏高的市盈率如果要有存在的理由，除非这些企业能够长期保持增长率，那么——譬如说——雅芳的市值将超越某些国家的 GDP。著名经济学家肯尼斯·博尔丁（Kenneth Boulding）曾经说过：“如果有人认为稳定的增长率能够永远保持下去，那么他不是疯子就是经济学家。”

迪伊随机构建投资组合，没有特殊的投资偏好或风格。就如同市场本身一样——非常均衡地由小盘股、大盘股、价值型、成长型或其他类型的股票构成。事实上，迪伊的投资组合甚至比标普 500 指数更均衡，因为后者明显偏向大盘股和成长股。不知不觉中迪伊创立了第一支指数基金，而且在当时有不错的表现。她这么做，完全不需仰赖经纪人、基金经理人或任何帮助，只需要一本字典。

启示

对于我来说，迪伊成功的原因可以称得上是改变人生的重大启示。以下是我从迪伊成功过程中归纳的结论：

- 尽可能保持低成本。这是赚取风险调整后超额收益（α）的最简单方法。
- 应该做广泛的分散投资，而不只是挑选特征类似的不同公司。应该就公司规模、投资风格、产业集中程度或其他条件等，做分散投资。
- 击败市场并不容易。很少有投资人做到这点。复制市场投资组合或许是不错的办法。

基于这些结论，我决定辞掉经纪商的工作。对我来说，做个股票经纪人，把过度集中的投资组合推荐给客户，让他们承担过高成本，然后试图击败其他股票经纪人处理的类似账户，到达那处虚无缥缈的终点线——这一切都显得没有意义。

关于专业投资管理，我觉得自己只剩下两种选择。第一是成为效率市场的信奉者，听起来就像是成为“米老鼠俱乐部”（Mickey Mouseketeer）的一员，而且就我看来这挺蠢的。我把效率市场看成和托勒密天文学一样，两者都主要基于先验假设。至于我的第二个选择，则想成为当时金融学界的堂吉诃德，指向有效市场理论的风车。

效率市场

1970 年代中期，有效市场假说（EMH）给那些想成为理智的人一次心灵的冲击。有效市场假说认为股票价格能够完全反映所有可供使用的公开信息。这也意味着，没有人可以持续击败市场。

我有一阵子想试试有效市场假说。我曾经申请芝加哥大学金融学博士并被录取。当时，芝加哥大学可以说是有效市场假说的坚强堡垒。然而，我最终决定放弃深造，因为我害怕在芝加哥大学被视为异类，甚至被烧焦、沾上羽毛。

实际上，有效市场的概念源自19世纪初，当时查尔斯·道（Charles Dow，道琼斯公司和《华尔街日报》的创始人）把市场评价作为一个有效的信息处理器："事实上，市场归纳了涵盖国内外所有金融知识的冷酷裁决。因此，价格走势代表每个人知道、期望、相信与预期的每件事。"在1889年的《伦敦、巴黎和纽约的股票市场》（*The Stock Markets of London, Paris, and New York*）一书中，乔治·吉布森（George Gibson）写道："股票在公开市场上市。股票的价值被视为是对它们最明智的评价。"后来，有效市场假说的追随者宣称，这就是他们的想法：价格反映所有可用的公开信息。

有效市场假说的一个更实质性原理，则是出现在路易斯·巴切利耶（Louis Bachelier）于1900年发表的博士论文中。巴切利耶把股票市场买卖行为，比喻为液体中悬浮粒子的随机游走。巴切利耶总结说，股票价格走势是随机的，因此无法预测。在此之前的1863年，朱利·荷纽（Jules Regnault）运用随机模型计算出，股票价格的偏离程度与时间的平方根成正比。可是，巴切利耶是第一位精确模拟随机程序的人。这种程序被称为“布朗运动”（Brownian motion），用以纪念苏格兰植物学家罗伯特·布朗（Robert Brown），他在1826年首先发现水中悬浮花粉粒呈现随机运动。尽管人们普遍认为是爱因斯坦在1905年运用数学方法解释了布朗运动，但实际上巴切利耶早在1900年的博士论文中就已经提到了这种解释方法。关于概率论的研究，巴切利耶也走在了时代的最前列。

1900年，巴切利耶把他的博士论文出版成书，书名叫《投机理论》（*The Theory of Speculation*）。但这本书并没有引起太多注意，直到统计学家伦纳德·吉米·萨维奇（Leonard Jimmy Savage）研究概率论历史时，才重新发现这本著作。萨维奇惊叹于巴切利耶对投机市场的前瞻性研究，于是在1950年代中期他向十几位他认识的经济学家介绍了巴切利耶的事迹。

保罗·萨缪尔森（Paul Samuelson）也一直在做类似研究。他很高兴萨维奇发现了巴切利耶的研究。这让萨缪尔森得以根据巴切利耶的研究，把所有资料整合成为统一均衡的框架。1965年，萨缪尔森引用巴切利耶的观点，出版了有关有效市场的论文，并提出证明进行佐证。

萨缪尔森后来编写了有史以来最畅销的经济学教科书，并且在书中极力推荐有效市场假说。萨缪尔森是第一位获得诺贝尔经济学奖的美国人。当时是 1970 年，他也成为该奖项创立以来的第二位获奖人。

虽然我对有效市场假说有兴趣，但我也读了很多有关投资方面的实务书籍，如：格雷汉姆和多德（Graham and Dodd，1951），达瓦斯（Darvas，1960），索普和卡索夫（Thorp and Kassouf，1967），以及列维（Levy，1968）等人的著作。下一章中，我将详细介绍达瓦斯和列维的研究，他们运用相对强度动量来投资。

我也认识一些备受推崇的共同基金经理人，如：约翰·内夫（John Neff）、威廉·鲁尼（William Ruane）、沃尔特·斯库劳赛斯（Walter Schlosss）和马克斯·海涅（Max Heine），而且还有一位出色的对冲基金经理人是我的客户。这些人都持续地跑赢市场。我不相信这些精明投资者的出色表现只是运气或偶然。这些投资者的投资结果显然和学术界的主张彼此冲突。学术界虽然大力提倡有效市场假说，但像前述这些实务界人士正在做截然不同的事情，而且非常成功。

安德鲁·罗是最早全面观察市场定价异常现象的经济

学家之一，多年前他曾就技术分析进行深入研究。他发现股票价格蕴含着可预测模式，对于当时的学术界来说，这就类似于巫术。当罗把这令人鼓舞的结论提供给麻省理工学院的一位同事时，他的同事却说："你的数据一定错了。"

根据所谓的"联合假设"（joint hypothesis），就均衡回报模型而言，我们只能说市场是有效的，或无效的。如果这个模型能够预测该市场，那只有两种可能：模型错误，或市场无效。所以，罗的研究一定相当成功，以至于他的同事才会提出第三种可能：数据错误。用尼采的话来说："相较于谎言，信念是真理更危险的敌人。"有效市场假说成为一套信仰系统，拥有许多忠诚的信徒，几乎跟宗教没什么两样。乔治·索罗斯是世界上最成功的对冲基金经理人，曾经赚取 396 亿美元，他把有效市场假说称为"市场原教旨主义"（market fundamentalism）。哈利路亚！在整个 1970 年代到 1980 年代，有效市场假说主导了一切。

沃伦·巴菲特在 1988 年伯克希尔·哈撒韦董事长的信中写道："令人惊讶的是，有效市场假说不只得到学术界的支持，也受到许多投资专业人士和企业经理人的欢迎。在正确观察下，我们知道市场经常是有效率的，但这些人却进一步得出结论：市场永远是有效率的。这两种主张的区别，就好比白天与黑夜。”

还有很多其他迹象也表明，不存在所谓的完全有效市场和绝对理性投资人。例如：封闭式基金存在溢价，政府担保抵押贷款证券存在套利机会，以及无处不在的市场泡沫，这些例子都说明价格可以长期偏离内在价值。

被动型投资的替代品

虽然知道很难击败市场，但我相信也不是完全不可能。无论是好还是坏，我还是决定担起这个艰巨的任务，尽力识别和利用真正的市场异常现象与无效率。

在 1970 年代末，我有个想法，想要经营一家以衍生品为基础的对冲基金，这是在长期资本管理公司（Long-Term Capital Management，LTCM）成立很久以前。当时还没有提供公开资料馈送服务，所以我雇用了一位电机工程师拆掉一台报价机，把数据输入到微处理器，然后输送到我们办公室的小型电脑中。我和所有期权交易所的场内做市商建立了合作伙伴关系，最初做得还不错，但不久也遭遇了和后来的长期资本相同的命运。同样还是因为信用过度扩张，以及发生一些相当不寻常的事件。但是，我还没有达到“套利限制”，因此还不需要美联储干涉，防止我摧毁世界金融体系。我试着从这段经验中吸取教训，然后继续前进，但我仍坚信市场上存在可用的异常现象。

1980年代初，我又有个不错的想法，想成立商品基金池，运用我自己的贝叶斯投资组合优化模型，把资本配置给全球最顶尖的几位交易者，如：保罗·都铎·琼斯（Paul Tudor Jones）、路易斯·培根（Louis Bacon）、理查德·丹尼斯（Richard Dennis）、约翰·亨利（John W. Henry）、阿尔维斯（Al Weiss）、汤姆·鲍德温（Tom Baldwin）和吉姆·西蒙斯（Jim Simons）等人。这些交易者的操作非常成功，而且由于他们采用了截然不同的操作方法和分散组合，所以绩效之间彼此不相关。这种情况非常适合投资组合优化，而我的投资生意也有不错发展。

当看到保罗·都铎·琼斯帮我们做交易时，我总算毋庸置疑地意识到自己反对有效市场假说是一件正确的事。我全然认为自己应该支持有效市场理论之外的观点，但是，我并不知道是否还能找到另一个如此高回报的机会。

但是，我仍然有动力继续寻找。商品交易在规模上存在着限制。一些最顶尖的交易者最后不得不把资金返还给投资人，大部分只交易自己的账户。我雇用的交易者中有几位都是如此。另外，从 1970 年代到 1990 年代，投机者经常享有显著的商品风险溢价，但到了 2000 年代，这种情况大概都不再存在了。目前，由于投机者的参与度急剧上升，因此大家能够分享由套期保值行为产生的风险溢价也就很有限了。现在，是时候另辟蹊径了。当时我并不知道，我竟然要花将近 20 年的时间，才找到另一个可以运用市场趋势的机会，而且所采用的方法基本上相同——系统性价格动量。

潮水开始转向

到了 1990 年代，行为金融学开始流行起来，随之而来的是对理性预期和有效市场假说的挑战。诺贝尔奖得主罗伯特·希勒（Robert Shiller，1992）写道："有效市场假说的论证，可以说是经济思想史上最显著的错误之一。之所以如此显著，在于其逻辑错误显而易见，以及其结论的影响程度与范围。"

在此之前，著名经济学家有时候不得不躲进积极管理型投资的壁橱里。查理·芒格（Charlie Munger，沃伦·

巴菲特的搭档）写道：“有位全球最著名的经济学家，他是伯克希尔·哈撒韦的重要股东，并且持续了很长时间。他在教科书里告诉人们，股票市场是非常有效的，没有人可以击败市场。可是，他把自己的资金交给伯克希尔·哈撒韦，让我们帮他赚取财富。”

据《财富》杂志报道，这位经济学家和保罗·萨缪尔森如出一辙，他的畅销书大力鼓吹有效市场理论，并发表学术文章论证支持有效市场假说。

萨缪尔森在 1974 年发表的论文《判断力的挑战》(Challenge to Judgement)，启发了先锋基金的约翰·伯格(John Bogle) 在 1976 年成立了第一支挂牌的指数基金。后来，萨缪尔森又写了一些看上去有点愚蠢的评论：“我把伯格的这项发明，视同于发明轮子、字母、印刷机、葡萄酒和乳酪；共同基金从来没有让伯格致富，但提升了共同基金投资人的长期回报。这算是阳光下的新鲜事物。”

所以，萨缪尔森鼓励伯格成立第一支公开挂牌指数基金，然后又将其捧上天，而萨缪尔森自己的资金却由沃伦·巴菲特帮他积极做管理。照这种说法，轮子、字母与印刷机应该也不是什么了不起的发明。

动量异常现象

随着更多的人开始质疑有效市场假说的正统性，学术文献开始探索新的领域。快速发展的行为金融学，使人们开始质疑投资人行为是否总是理性的，是否符合自己的最大利益。人们的情绪性与非理性行为，可能导致价格以可预测的方式系统性地偏离基本面价值。也许市场会被击败，因为非理性投资人允许异常现象持续存在。鉴于这种可能性，自 1990 年代初，动量开始受到学术界的关注，而行为因素可以解释动量的许多特征。

包括有效市场假说的创始人尤金·法玛和肯尼斯·法兰西（Kenneth French）在内的许多学术界人士，经过对动量的多年研究之后，开始注意到他们称之为“主要异常现象”的动量。动量非常强大，长期持续，而且不能够被普遍已知的风险因子解释。

动量研究不仅受益于有效市场假说在现代金融学上地位的丧失，而且它发现所显著增加的知识体，其本身也与有效市场假说相矛盾。

下面的章节将说明我如何结合学术界动量研究的最佳

因素，配合我自己的一些想法，提出一套既简单又实用的方法，运用动量创造低风险的优异回报。另外，我也要说明如何把这种方法运用于大型的高流动性市场，这样同样可以创造出优异的长期回报。

在此之前，我要先介绍动量理论的历史，以便你了解与体会动量的历史效力和悠久性。我也要说明动量如何融入现代金融这个奇怪而神秘的世界。然后，我们要探讨动量背后的逻辑基础，以便你更深入了解动量如何运作以及为何能运作。接着，我们将了解资产选择，以及替代性投资机会。到了这个时候，我将会提供一个简单实用的动量模型，供读者使用。

介绍完我的模型后，我将运用双动量研究其他的动量方法和程序。读完这本书，读者应该对动量会有深入理解，掌握你想知道的一切以获取财富。

第一章

凡是上升者……持续保持上升

赛跑的胜利者未必是跑得最快的人，战斗的赢家也未必是最强壮的人，但这却是下注的依据。

——达蒙·鲁尼恩（Damon Runyon）

那么，动量到底是什么？动量就是投资持续维持其绩效的趋势。做得好的投资，会持续其好的表现；做得差的投资，会持续其差的表现。

➤ 古典概念

动量投资有着悠久而辉煌的历史。我将带领读者了解其演化。动量概念起源于牛顿第一运动定律：在匀速运动状态下的物体始终保持运动状态。当牛顿提出这条定律时，想的应该不是投资。否则的话，当他看到苹果从树上掉下来时，会提醒自己：凡是上升者，终会下降。1718—1721 年发生的南海股票泡沫期间，牛顿由于进场太迟、持有时间太长而遭受重大损失。后来牛顿说："我可以计算星体运动，但无法衡量人类的疯狂。"哎，可怜的牛顿并不是这方面的唯一受害者。

以投资术语表达动量理论的第一位著名人士，应该是伟大的古典经济学家大卫·李嘉图（David Ricardo）。1838 年，李嘉图曾说："迅速认赔，让你的获利持续下去。"这显示他很明智地考虑了下行和上行动量。李嘉图听从自己的建议，在 42 岁退休时积累的财富相当于今天的 6 500 万美元。

20 世纪初期的动量

20 世纪初期，纪律严明的投资风格中蕴含着显著的动量理念。许多经典著作中包含着动量理念，像新闻记者埃德文·拉斐尔（Edwin Lefevre）早在 1923 年出版的《股票作手回忆录》（*Reminiscences of a Stock Operator*）。这本书描述了传奇交易者杰西·利维摩尔（Jesse Livermor）的想法和故事。利维摩尔曾经说过："大钱不在于个股波动，而是整个市场趋势的上涨。"顺势操作是动量投资的形式之一。利维摩尔提及的股价创新高时买进的行为，蕴含的即是动量理念。他说："买进不嫌股价高，卖出不嫌股价低。"这句话准确描述了动量投资的风格。

1920 年代理查德·怀科夫（Richard Wyckoff）在其著作中也强调动量原理。在 1924 年出版的《我该如何进行股票与债券交易：在华尔街 33 年工作经历中形成和采用的方法》（*How I Trade in Stocks and Bonds: Being Some Methods Evolved and Adapted During My Thirty-Three Years Experience in Wall Street*）一书中，他主张买进表现最强劲的股票，这些股票不只属于表现最强的龙头股，而且其所属板块和指数的走势也最强劲，处于承接/出货循环的上升阶段。怀科夫引用这种方法在股市上积累了庞大财富，然后退休后住到了汉普顿一个9.5英亩的庄园，隔壁就住着通用汽车传奇总裁阿尔弗莱德·P. 斯隆（Alfred P. Sloan）。

乔治·希孟斯（George Seamans，1939）在其畅销书《股票市场成功的七大支柱》（*The Seven Pillars of Stock Market Success*）中建议交易者在上升趋势时买进最强势的股票，在下降趋势时卖空最弱势的股票，这完全符合相对强度动量投资的理念。

在计量操作方面，从1920年代末开始，价值线投资调查（the Value Line Investment Survey）的创始人阿诺德·本哈得（Arnold Bernhard），成功运用相对强度价格动量同时配合盈余成长动量。根据价值线网站的资料显示，第一组股票是由去年价格表现最好、盈余加速成长的股票构成。从1965年到2012年，第一组股票的平均年度回报率为12.9%（不计股息），标普500指数的同期表现则为6.1%。第五组股票的年度亏损为－9.8%。价值线目前仍采用的价格动量因子，计算公式是股票最近10周平均相对价格除以其52周平均相对价格。

1920年代，伽利（H. M. Gartley）开发了基于动量的相对速度等级。随后道琼理论家罗伯特·雷亚（Robert Rhea，1932）在其著作《道氏理论》（*The Dow Theory*）中引用了这个论述。伽利（1945）自己在《金融分析师期刊》（*Financial Analysts Journal*）发表了一篇题为《相对速度统计量：在投资组合分析中的应用》（Relative Velocity Statistics：Their Application in Portfolio Analysis）的文章。伽利在文章中讲道："除了通用的价值估值方法外，分析师应该考虑股价速度。速度统计量是股票价格波动的技术因素，衡量的是股价相对于大盘指数的涨跌比率。"这也是相对强度价格动量的另一种说法。

伽利在1935年的著作《股票市场获利》（*Profits in the Stock Markets*）中，介绍了顺势操作移动平均。伯恩哈特（Bernhardt）和伽利都是早期以计量、法则为基础的动量策略的倡导者。

至于有关动量的第一篇真正科学研究与学术论文，是由阿尔弗里德·考尔斯三世和赫伯特·琼斯在1937年提出的。考尔斯是位杰出的经济学家，他成立了考尔斯经济研究基金，最初设立于芝加哥大学，现在则在耶鲁大学。当时还没有电脑，所以考尔斯和琼斯只能用手工方式，辛苦地整理1920—1935年的绩效统计数据。在当时，这是非常了不起的成就。考尔斯与琼斯发现，前一年表现最好的股票，在接下来的一年里仍然有很好的表现。用他们自己的话来说："从1920年到1935年，若以一年为绩效衡量单位，那些当年表现优于中位数的股票，下一年仍优于中位数的趋势非常明显。"现在相对强度动量投资方法也具备相同的理论基础，考尔斯和琼斯在1937年首次提出的结论，如今也同样适用。

20世纪中期的动量

1950年代中期，乔治·切斯纳特（George Chestnutt）发行的投资通讯，根据股票和产业的相对强度动量进行归类。切斯纳特为投资通讯的读者提供了一些建议：

> 最佳策略是什么？究竟是买进最强势的龙头股，还是购买冬眠股或落后股，期待这些股票出现补涨行情？依据数以千计的案例和统计数据来看，答案显然可以从概率来判断。更多的时候，买进龙头股、卖空落后股的做法，更容易获得比较好的结果。看来股市就如同人生的很多其他阶段一样，强者恒强，弱者恒弱。

切斯纳特（1961）也写了一本有关相对强度投资的著作，并用这种方法管理着美国投资人基金（American Investors Fund），并有不错的表现。从 1958 年 1 月到 1964 年 3 月，这支基金的累计回报率为 160.5%，而同期的道琼斯工业指数为 82.6%。

切斯纳特从来没有成为真正的知名人物，但同期的另一位动量投资者与共同基金经理人却相当知名。他就是杰克·德莱弗斯（Jack Dreyfus），又被称为“华尔街之狮”。

德莱弗斯创业时只有 2 000 美元的贷款，退休时却成为亿万富翁。关于自己的投资哲学，他讲道：“如果看到一部电梯正在上升，你最好赌这部电梯会继续往上升，而不是赌它下降。”德莱弗斯只买进那些从健全底部突破而价格创新高的股票。1953—1964 年，他管理的德莱弗斯基金增长了 604%，而同期的道琼斯工业指数为 346%。

富达（Fidelity）的两支小型基金开始模仿德莱弗斯的投资技巧。两支基金分别由爱德华·奈德·约翰逊二世（Edward Ned Johnson Ⅱ）和杰拉尔德·特塞（Gerald Tsai）管理，前者是富达管理研究公司的创始人，后者是富达资本基金的经理。特塞是个相当多姿多彩的人，他不仅成功使用动量投资，还大力提倡动量投资方法，因此让他成为第一个备受媒体推崇的共同基金经理人。1965 年他创立曼哈顿基金（Manhattan Fund）时，第一年原本打算募集 2 500 万美元，结果在第一天就吸引了 2.75 亿美元资金。

德莱弗斯也影响了威廉·欧奈尔（William O' Neil），他是《投资者商业日报》（*Investor's Business Daily*）的创始人。欧奈尔的座右铭是："买强卖弱。"欧奈尔的著名选股准则是 CAN SLIM，其中关键一点就是：买进表现最佳的股票，卖出表现最差的股票。这与动量投资理念是完全契合的。欧奈尔表示："那些看起来价格太高、太危险的股票，最终绝大多数会继续上涨，而那些看起来价格低的便宜股票，通常继续下跌。"欧奈尔在其畅销书《笑傲股市》（*How to Make Money in Stocks*）中介绍了 CAN SLIM 投资方法，这本书自从 1988 年以来已经大卖 200 多万册。

同样在 1960 年代，尼古拉斯·达瓦斯（Nicolas Darvas，1960）写了几本颇具启发性和娱乐性的书，其中包括著名的《我如何从股市中赚了 200 万》（*How I Made $2,000,000 in the Stock Market*）。这本书描述了他身为专业舞者在世界各地演出，仍然通过电报指示经纪人买卖股票。达瓦斯总是买进价格创新高的股票，一直持有直到动量转弱，然后换股操作。

吉伯特·哈勒（Gibert Haller，1965）在其《股票市场趋势的哈勒理论》（*The Haller Theory of Stock Market Trends*）一书中也推崇类似的“最强势股票”策略。从1960年代到1970年代，乔治·索罗斯运用动量的变形方法，即正向回馈“反射”，操作某些大型股票和房地产投资信托基金（REITs），积累了巨额财富。根据索罗斯的说法，买进会在自我强化过程中进一步买进。我们将在本书第四章看到，由于行为因素产生的正向回馈交易，是动量的主要特征之一。

动量始终是投机性商品交易的驱动引擎。理查德·唐奇安（Richard Donchian）在1949年创立了第一家管理期货基金。唐奇安认为，股票与商品价格总是呈现过度乐观或悲观的走势，因为这反映了交易者的情绪。他相信，顺势操作者可以从这类过度延伸的价格走势中获利。

1960年代，唐奇安开始发行商品投资周刊，包含他的5天和20天移动平均顺势操作系统。他著名的4周通道突破系统，启发了很多伟大的交易者，如艾迪·塞柯塔（Ed Seykota）和理查德·丹尼斯（Richard Dennis）。丹尼斯把唐奇安的通道突破系统，传授给他的海龟交易者（Turtle Traders），这些交易者有些后来成为著名的商品交易顾问。塞柯塔也培训了一群非常成功的交易者，如迈克尔·马尔库斯（Michael Marcus）和大卫·德鲁兹（David Druz），并开发出第一套大型商业计算机化交易系统。杰克·施瓦格（Jack Schwager）在第一本《金融怪杰》（*Market Wizards*）中曾经谈到塞柯塔："塞柯塔管理的账户展现出惊人的优异回报率……我不知道有其他任何交易者曾经在同样长的时间内创下类似纪录。"塞柯塔后来发起他的"艾迪的六步规划"（Ed's Six Step Program）帮助其他趋势交易者。

从1970年代到1980年代，动量投资的火炬传递给了那些成功的对冲基金经理人，但这些人经常对外保持沉默。可是，有位著名的动量投资者却截然不同、十分直爽，他就是慈善家和共同基金经理人理查德·德莱豪斯（Richard Driehaus）。

1968年德莱豪斯开始了他的投资生涯。他管理超过100亿美元的资产，采用的动量策略和达瓦斯、切斯纳特和哈勒等人相似——用轮流相对强度投资最好的股票。1970年，《巴伦周刊》（*Barron*）提名德莱豪斯为其"全世纪”团队的25名代表人物之一，这些人被视为过去100年中共同基金行业最有影响力的人。杰克·施瓦格（2008）在《新金融怪杰》（*The New Market Wizards*）中曾经介绍过德莱豪斯，皮特·坦诺斯（Peter Tanous）在《投资大师》（*Investment Gurus*）一书中也曾介绍过他。以下引用德莱豪斯的一些论述，用以说明他的动量投资方法：

> 也许最著名的投资模式是低买高卖。但我相信通过买高而卖更高可以赚更多钱……我试图买进那些要么已经有很好走势的股票，要么价格已创新高的股票，要么呈现正向相对强度的股票……我一直在寻找在当时最具潜能的股票。即使我认为我持有的股票还会上涨，但如果我相信另一只股票在此期间会有更好的表现，我就会换股。

即使在1990年代积极展开严肃的学术研究之前，我们也很难否定相对强度动量投资的实际价值和令人印象深刻的表现。

现代的动量

罗伯特·列维（Robert A. Levy，1967）是第一位使

用电脑方法研究动量的人。列维创造了“相对强度”一词，非常准确地表达了投资风格。后来学术界重新命名这种系统性量化方法为“动量”，但实业者认为这是一个更通用的术语，即买进强势股票。1990 年代，网络上的一些自由交易者（这些“枪手”认为应该顺着马奔驰的方向骑上马）通常被称为动量玩家。即使是今天，以法则为基础的系统性动量交易和凭直觉的自由动量交易两者之间仍然存在着某种程度的混淆。列维的“相对强度”一词虽然可以更精准地描述这种以法则为基础的量化动量，但列维的研究发现在学术界开始正视动量之前。当学术界关注到动量时，他们可能并不希望自己的研究和列维扯上联系。他们通过把“相对强度”改名为“动量”来掩盖自己的盗窃行为。他们可能并不知道“动量”一词早就被实务者使用，其意义虽然类似，但不全然相同——或者这些人只是不在乎罢了。

列维最初的研究使用 625 只纽交所上市股票 5 年的数据。后来列维在 1965 年扩展了相关研究，并出版了一本关于相对强度投资的书。列维写道：

> 历史股价表现最强势的 10%的股票，在未来 26 周的平均价格涨幅为 9.6%；反之，历史股价表现最

差的 10% 的股票，随后 26 周的平均价格涨幅只有 2.9%。

备受尊敬的学者迈克尔·简森（Michael Jensen）批评列维忽略了交易成本和风险因素。

后来，阿科曼和科勒（Akemann and Keller，1977）通过分析 1967—1975 年的标普类股数据，证明即使考虑了交易成本，相对强度仍然会有不错的表现。博汉（Bohan，1981）将相对强度动量运用到标普类股 11 年的数据中，显示相对强度动量的优异表现。布拉什和博尔斯（Brush and Boles，1983）将相对强度动量运用到 18 年的股票资料上，研究表明，即使调整交易成本与风险因素后，仍然取得了超额收益。尽管越来越多的证据显示动量投资具有异常获利能力，甚至在考虑成本与风险因素之后仍然如此，但学术界对动量仍然无动于衷。

在此期间，学术界仍然推崇有效市场假说，这也是动量从未获得过其应有的地位和尊敬的一个重要原因。很多学术界人士仍然认为，股票市场回报呈现类似于布朗运动的随机游走程序，市场参与者试图探索任何具备预测能力的形态而形成激烈竞争，终将导致价格呈现随机游走而不可测。俗话说，如果你唯一的工具就是锤子，那么任何东西看起来都像一颗钉子。学术界猛力打击动量，直到它几乎无人注意。

到了 1980 年代，情况开始发生变化。诺贝尔奖得主罗伯特·席勒（Robert Shiller，1981）发表了《股价波动太大能否被后续的股息变动合理解释?》（Do Stock Prices Move Too Much to Be Justified by Subsequent Changes in Dividends?）。这篇文章表示，和绝对理性投资下股价表现相比，历史股价波动更剧烈。基恩和斯坦博（Keim and Stambaugh，1986）提出的证据表明股票回报包含可预测的成分。1987 年的证据显示，当股票价格在单日内暴跌超过 20%时，股票价格可能显著偏离其公允价值。这样的单日崩盘压缩了理性的极限。学者们也开始记录一些股价，由于其存在正序列相关，而这显然与股票价格走势的随机游走理论相矛盾。德伯特和塞勒（De Bondt and Thaler，1985）发现，当投资人修正其超额价值高估或低估时，使股票呈现长期逆转效应。这一切都引发大家对完全竞争市场效率的质疑。

越来越多诸如价格动量和回归均值的异常现象，作为解释这些现象的方法之一，行为金融学也开始吸引人们的注意。而学术界逐渐开始觉醒并注意到这些方法。行为金融学是研究心理因素对投资者行为及市场的影响和效应。行为偏好有助于解决金融理论与现实之间日益严重的分歧现象。本书第四章将会更清楚地解释动量的理性和行为层面，包括它们如何帮助解释动量有效的原因，以及为何动量将来能够持续有效。

动量学术研究

如今行为金融学已经成为合理解释动量的方法之一，而伴随着杰格德什和蒂特曼（Jegadeesh and Titman，1993）《买进赢家，卖出输家：股票市场效率的意涵》(Returns to Buying Winners and Selling Losers：Implications for Stock Market Efficiency）一文的发表，对动量的研究取得巨大飞跃。他们通过研究 1965—1989 年的资料发现，在调整其他风险因素造成的回报差异后，纽约证券交易所和美国证券交易所（AMEX）在过去 6 到 12 个月的赢家，在随后 6 到 12 个月内其表现仍将优于输家，绩效平均每月超出大约 1%。这些优异的表现基本上与考尔斯和琼斯在 30 年前的发现相同。1993 年文章发表后的第八年，杰格德什和蒂特曼又在 2001 年对他们的研究进行了验证，通过 1990—1998 年的研究资料表明，过去的赢家仍以每月大约 1%的差异超过过去的输家。这两篇文章的结论，以及后来其他人有关动量的研究，基本上消除了动量获利能力是由于数据探勘偏差的疑虑。

计量研究促使动量得以从自由测量的方法，转变成为基于法则操作的方法。杰格德什和蒂特曼的研究清楚地表明，过去 3 到 12 个月回溯（形成）期表现最强劲的股票，未来相同期间的表现也最强劲。这种现象对于 6 到 12 个月的回溯期尤其如此。

依据基于法则的动量理论，你购买过去 6 到 12 个月期间最强势的 10%～30%内的股票，并持有 1 到 3 个月，然后重新评估和再平衡这个投资组合。额外的好处是，像这种基于法则的方法有助于消除决策过程中的行为偏见，并减少投资者由于对市场情况的情绪化反应而做出不良决策的可能性。

其他动量研究

杰格德什和蒂特曼的研究具有严谨性且可复制性，因此鼓舞了许多其他的动量研究。事实上，过去 20 年，动量已经成为研究最多的金融课题之一。自杰格德什和蒂特曼的研究成果发表以来，学术界已经发表了 300 多篇关于动量的论文，包括最近 5 年的 150 多篇。研究主要集中在四个领域：

- 决定不同类别资产的动量效应
- 动量回报的统计特性
- 动量效应的理论解释
- 基于动量的策略的提升

持续的研究显示，动量异常现象普遍存在于几乎所有市场，包括美国与海外股票、产业类股、股票指数、全球政府债券、公司债券、商品、外汇与房地产。动量现象存在于十几种资产类别和 40 多个国家。

就时间或不同市场来说，动量效应都很稳定。沙博、格希尔斯和贾纳森（Chabot，Ghysels and Jagannathan，2009）的研究显示动量效应在英国股票市场一直很稳定，而且可以追溯到维多利亚时代。格克兹和萨莫诺夫（Geczy and Samonov，2012）的研究显示，通过对美国股票外样本测试，动量仍然有效，甚至可以追溯到 1801 年。在这 212 年期间，根据价格动量排序，等权重前三分之一股票的绩效表现显著优于排序后三分之一股票，每月的差异为 0.4%，t统计量显著性为 5.7。

1990 年代，施沃特（Schwert，2003）就不同获利机会，如价值、规模日历效应和动量等，研究市场异常现象。结果，他发现除了动量外，其他获利机会的消失会导致异常现象逐渐反转并减弱。所以，动量是唯一持续存在的。

在杰格德什和蒂特曼开创性研究后的 20 年中，外样本的动量效应继续有很好的表现。难怪法玛和法兰西（Fama and French，2008）认为动量是“近年来异常现象的中心舞台”。他们进一步解释：

> 动量是最重要的市场异常现象。过去一年呈现低回报的股票，在未来几个月仍然会呈现低回报，过去呈现高回报的股票，往往会继续呈现高回报。

读者可以通过阅读本书引用的一些重要学术论文，想必就会信服动量的效力；可以上网搜索文章标题或作者人名，或者通过社会科学研究网站（the Social Science Research Network，SSRN）直接下载这些论文；还可以在我的网站和相关博客上找到更多信息：http：//optimalmomentum. com。

当前动量的应用

DWA（Dorsey，Wright and Associates）在2007年推出第一个公开可运用的系统性动量规划。DWA运用专门方法，即通过相对强度动量筛选出100只个别股票（或200只小盘股），管理2个共同基金和4个广泛型交易所交易基金。其广泛型基金涵盖了美国大盘股/中盘股、美国小盘股，发达市场以及新兴市场。DWA每季重新评估并调整其基于动量的投资组合。

2009年，AQR资本管理公司成立了3个基于动量的共同基金，分别涵盖美国大盘股/中盘股、美国小盘股以及国际股票，AQR的基金借由动量来衡量，选择过去12个月回溯期内（不包含最近一个月）表现最好的三分之一的股票。AQR通常每季重新调整投资组合。在第九章中，我将会提到AQR的美国大盘股/中盘股相对动量指数自成立以来的绩效表现。

贝莱德（BlackRock）的IShares公司推出了最新可供公开使用的动量产品。2013年，IShares公司开发了基于摩根士丹利资本国际（MSCI）美国动量指数（Momentum

Index）为基准的交易所交易基金（ETF），该指数是结合6个月和12个月综合回溯期的100～150只股票构成。该基金依据价格波动率调整头寸的权数，每半年重新调整一次。

所有这些公开可用的产品都是对个别股票使用相对强度动量。所以，这些产品也失去了跨资产多元化风险降低所带来的潜在收益。另外，相较于运用于广泛的资产类别或指数，动量只用于个别股票会造成交易成本显著提高。例如，根据AQR的估计，美国动量指数的交易成本每年为70个基点。

同样重要的是，相对强度动量虽然能够提升回报，但无助于降低价格波动或最大净值回撤。与运用非动量、买进-持有策略建构的投资组合相比，这类操作的风险甚至会提高。

在第七章中，我们将会讨论绝对动量，和相对动量效果类似，这种工具能够提升期望回报。但是，不同于相对动量的是，绝对动量也会降低与“只做长期投资”相关的极端下行风险曝露。绝对动量旨在通过避免惨败来击败市场。本书第八章，我们会用双动量——即同时采用相对与绝对动量——来构建简单实用的投资模型。

第三章

现代投资组合理论
——原理与实务

一个物理学家、一个化学家和一个经济学家被困在孤岛上，没有什么可吃。有个罐头漂到岸边。物理学家说："可以用石头敲开罐头。"化学家说："让我们先生火把罐头加热。"经济学家说："先假定我们有个开罐器……"

——乔治·古德温（George Goodwin）

本章中，我将简要介绍现代金融学，以及其与双动量之间的关系。我也想谈谈为什么我们有时候要怀疑“专家”。正如琼·罗宾逊（Joan Robinson）这位备受推崇的经济学家所说的：“学习经济学的目的不是为经济问题获得一套现成的答案，而是学会不致被经济学家欺骗。”稍后的章节中，我们将看到，适当的怀疑态度可能会让我们避免被推销一大堆实际上并不需要或者不想要的投资。

马科维茨的均值-方差优化模型

1952 年，芝加哥大学经济学系一位年轻学生哈里·马科维茨（Harry Markowitz）研究出一种非常具有创造性的方法，用以构建有效投资组合，他认为这种投资组合可以在任何特定风险水平（价格波动率）下提供最高的期望回报，或者相反在特定期望回报水平下提供最低的风险。马科维茨是借用作业研究（二次规划）的概念，构建一种最优运算方法，用以绘制出这些有效投资组合的“前沿”。在此之前，没有可以同时运用预期回报、价格波动率与相关性的计量方法来确定最优投资组合。马科维茨称这套方法为均值-方差优化（MVO）。

进行博士论文的口试答辩时，马科维茨受到米尔顿·

弗里德曼（Milton Friedman）的挑战，答辩超过 1 个小时。弗里德曼认为，马科维茨的研究不属于经济学、工商管理，甚至不属于数学范畴。虽然如此，马科维茨还是拿到了博士学位，后来成为现代投资组合理论之父。主要由于这篇博士论文的贡献，他获得了诺贝尔经济学奖。

但是，在实务运作方面，MVO 存在着诸多问题。正如很多经济模型所常见的，MVO 采用的假设显然跟现实世界不太符合。当协方差（相关性与价格波动率的组合）矩阵的条件不好时，如资产类别相似，MVO 的结果是不稳定的。另外，MVO 的结果对输入变量也相当敏感。因为 MVO 会使这些输入变量的估计误差最大化，这些因素导致了不可靠的结果。输入变量的些许差异就可能导致重大的输出差异。这导致 MVO 构建了错误最大化的投资组合。

MVO 的使用者必须经常调整输入变量，做某些限制借以降低抽样误差，或整合已有的信息以使估计值能够回到更合理的数值。回报输入变量特别不可靠，一些 MVO 使用者完全忽略它们，而采用最小方差投资组合。德米格尔、加莱皮和厄普尔（DeMiguel，Garlappi and Uppal，2009）的研究表明，最优分散化投资所带来的任何收益，经常完全被估计误差所抵消。MVO 会产生极端权重，这些权数会随着时间推移而显著波动，而且样本外的表现很差。在实际中，同等投资组合权重通常优于 MVO。MVO 理论看起来虽然很漂亮且令人印象深刻，但就像很多其他现代金融模型一样，在现实世界中很难运用。但是，在 MVO 发展的早期，研究者并不没有意识到这点。

1950 年代，电脑运算能力相当有限，而 MVO 对于电脑计算能力的要求很高。MVO 需要计算涉及数千种资产回报和协方差的逆矩阵。例如，对于 1 000 种资产的投资组合来说，就需要计算 550 000 个协方差。

因此，到了 1960 年代中期，很多独立发展的学术研究者，研究出一种取代 MVO 的简化替代品，称为资本资产定价模型（capital asset pricing model，CAPM）。

资本资产定价模型

早期的 CAPM 所做的是资产（或资产组合）的超额收益（收益减掉无风险收益）与市场指数的超额收益之间的线性回归分析。线性回归决定两个或多个变量之间的关系，并提供一种用以决定这种关系准确性的度量值。

CAPM 回归方程式的 β 系数指资产超额收益相对于市场超额收益变化的敏感程度。换言之，β 系数是市场走势对于投资收益的影响程度。CAPM 也会告诉你，任何证券的期望回报与该证券的风险（由 β 系数衡量）成正比关系。

α 指回归方程的截距。这也是方程式 β 之外剩余的部分。α 表示异常利益。这就是你承担市场风险而赚取的超额收益。

运用 CAPM，你只需要有关股票投资组合与市场指数的信息，而不必通过处理数千种输入变量来构建最优投资组合。如果你在分散化投资不同产业的股票，则可以通过确定股票的平均 β 值，使投资组合达到理想的期望回报与价格波动率。从学术角度来说，同样重要的是，你可以运用 CAPM 帮助确定企业的资本成本，并衡量风险调整后的投资绩效表现。每年 1％的 α，意味着你的风险调整后超额收益是每年 1％。运用 CAPM，你通过追踪投资组合的 α，就可以评估企业的投资管理技能。经济学家也乐见这样的事实，你可以通过 t 统计量与概率值，掌握 α 和 β 的相关统计显著性。

据说有两种方法可以取得正值预期收益：第一是承担

已知的风险因素（β）；第二是智胜其他人（α）。

CAPM 只有一个问题：实际测试的效果并不好。高 β 值投资组合的收益太低，低 β 值投资组合的收益太高。预期收益的大部分变动与投资组合 β 值无关。

1980 年代初，一次偶然机会我看到一篇学术论文，试图借由单一变量的 CAPM 解释商品收益。这篇论文实际用于伯克利金融研究生班的课程。当时，我心中想着："股市表现和中国茶叶价格或其他任何商品的价格之间能有什么关系?"我当时已经知道有关 CAPM 的一些统计问题。一般来说，金融市场回报违背了标准线性回归分析对于分布的假设，即独立且一致的分布。

CAPM 忽略了太多风险。马克・吐温据说曾说过："给我们带来麻烦的，并不是我们不知道的东西，而是我们自以为知道而实际上不然的东西。"费希尔・布莱克（Fischer Black）说过："一个理论之所以最终被接受，并不是因为它被传统测试验证而确认，而是因为研究者彼此说服对方相信该理论是正确而切题的。"

到了 1990 年代，学术界有越来越多的证据表明 CAPM 的运作并不好：低市盈率、低账面市值比、小盘股的预期收益显然高于 β 预测值。这也促使法玛和法兰西

(Fama and French, 1992) 发表的论文，开创性地把 CAPM 由单一因素扩展为三个因素的模型，增加了价值与规模风险因素。这篇著名的研究论文表明，与单一市场因素相比，账面市值比率与市场资本化更能够解释股票平均收益的剖面变化。所以，我们现在有了三个因素，而不只是单一因素。不久以后，卡哈特 (Carhart, 1997) 又增加了代表剖面动量的第四个因素。

学术界对于这些因素表示满意。至少有 82 篇论文发表于优秀的学术期刊。这种费尽心思寻找解释因素的做法让人想起了古希腊神话人物普洛克路斯忒斯 (Procrustes)，他通过拉长或截短那些人的腿，使所有访客都适合他的床。

由于专注于异常数据，可能导致数据探勘偏差。哈维、刘和朱 (Harvey, Liu and Zhu, 2014) 认为，应用了各种市场风险因素后，导致数据探勘偏差显著的通货紧缩调整："……金融学领域发现的许多因素很可能都是错误的发现……与医学文献最近令人不安的结论相似，我们认为，金融经济学所声称的研究发现大多数可能都是错误的。"

CAPM 确实不太可靠。对于 CAPM 的使用者来说，现实世界变成恼人的特殊情况。实证检验表明，高 β 和高价格波动率的股票，并没有表现出依据三个或四个因素的 CAPM 应有的回报优势。法玛和法兰西（Fama and French，2004）认为 CAPM“从实务上来讲是空洞的”。他们表示：“不论模型所反映的是理论或实证实施中的缺陷，都意味着模型的大部分运用是无效的。”

CAPM 不只是实证上的问题。CAPM 和其他现代金融模型一样，也存在着理论上的问题。金融模型通常依赖两个主要假设：第一，市场价格呈常态分布或对数常态分布；第二，现代金融学假设价格彼此独立。昨天的价格对今天的价格没有影响。

曼德尔布罗特（Mandelbrot，2004）勇敢地挑战了这两个假设。他证明市场价格并不呈正态分布，而是呈现方差不稳定且尾部较肥厚的分布，而这也意味着极端事件发生频率较高。曼德尔布罗特称此为柯西（Cauchy）分布。有些人称其为稳定帕累托（Paretian）分布，或帕累托-列维（Pareto-Levy）分布，或列维-曼德尔布罗特（Levy-Mandelbrot）分布。无论如何称呼，都意味着这种分布下灾难性股价下跌的发生频率，显著高于正态分布。

至于价格独立性，曼德尔布罗特认为，即使价格不是自相关的，其价格波动性随时间变化相关。这意味着重大价格摆动区域聚集，即使我们不知道走势方向，但股价可能会在平均水平以上变动。根据曼德尔布罗特的看法，因为现代金融学的这两个假设有瑕疵，所以类似如 CAPM 等相关模型也都存在着瑕疵。这些模型低估了市场风险，也低估了资本金融机构为了抵御市场风险所承担的程度。

遗憾的是，很多学者一旦意识到，曼德尔布罗特的金融概念已经挑战了大多数金融模型通用的根本假设，也就不再对其予以关注。另外，曼德尔布罗特提出的无界、无限方差计算，在实际中很难操作。

虽然存在着许多实务上和理论上的挑战，但线性因素模型多少能告诉我们有关风险和预期收益之间的关系。研究者还是经常使用三个或四个因素的线性模型，用以衡量投资策略的绩效表现和统计显著性。作为策略强度和显著性的一般性指引，因素模型可能还有一些价值。因此，我们将在第八章中，使用它们作为确认我们动量模型结果的一种方法。

沃伦·巴菲特或许可以和约吉·贝拉（Yogi Berra）媲美，他们两人都是说话最经常被引用的人，曾说过："请特别留意那些看起来很有学问的公式。"如果要说发展出一套能够精确解释、并成功处理现实世界问题的模型，金融经济学家大概算不上成功。研究者虽然继续尝试提供修正，如 MVO 的再抽样调整，以及 CAPM 增加许多复杂因素，但结果仍然令人存疑。让我们看看罗伯特·豪根（Robert Haugen，2010）是怎样说的：

> 我们可以通过发展全新的理论，帮助我们了解我们现在在资料里看到的现象。或许我们可以走回头路，否认那些现在已经是显而易见的东西，通过某种复杂程序扭曲资料，直到它们符合我们的偏见为止。

布莱克-斯科尔斯期权定价模型

就现代金融学的运作而言，其他金融模型或许能给我们一些额外的启发。期权定价理论起源于 1900 年，巴舍利耶看到期权如何控制风险，试图找到其定价方法。巴舍利耶认为，如果期权是一个“公平的赌注”，那么它必须有一个公允价值。费雪对于期权公允价值的计算虽然并没有完全成功，但也不远了。期权定价后来的研究过程相当复杂，甚至显得很笨拙，而这通常取决于个人的风险偏好。

从欧文·费雪开始，经济学家一直对有条不紊的均衡模型非常青睐。受到巴切利耶随机游走理念的启发，索普和卡索夫（Thorp and Kassouf，1967）提出基于均衡的期权模型，但他们发布的研究成果并没有把到期日期权的期望值折换成现值。

第一个完全基于均衡的期权定价模型，是由费希尔·布莱克和迈伦·斯科尔斯（Myron Scholes）提出的。他们两人因此获得了诺贝尔奖，因为经济学术界喜欢基于均衡的模型。布莱克-斯科尔斯定价模型（the Black-Scholes option-pricing model，简称BS模型）也因此成为金融经济学家喜欢和乐于展示的模型。

期权定价模型可以帮助使用者通过衍生品转移风险。投资者很快就意识到这点。1970年，当时几乎还没有任何有关金融衍生品的交易，但到了2004年，在外流通的衍生品合约总价值高达273万亿美元。

除了衍生品日益普及外，定价模型也给使用者造成了错误的安全感。正如我们将在第四章看到的，我们会倾向于高估我们的技术和知识，进而产生能够控制的错觉，也低估了不幸事件和不好后果发生的可能性。

1998年由于长期资本管理公司（LTCM）的倒闭，导致全球金融体系几乎崩溃；而后来衍生品也导致美国加州奥兰治县破产、巴林银行倒闭；当然，还有 2007—2008 年的全球金融危机。沃伦·巴菲特把衍生性产品形容为“大规模杀伤性金融武器”。

机构投资者汲取教训的速度很慢。自从长期资本管理公司于 1998 年倒闭以来，美林证券提出警告，强调数学风险模型或许提供了超乎必要的安全感。因此，应该限制对于这些模型的依赖。而当时没人听得进这类警告。

但是，我们也不能把责任只归咎于工具本身，而不去责怪工具使用者。我们甚至认为，这些金融危机的发生在很大程度上是由于衍生品模型的使用机构，缺乏适当判断以及没有充分了解真实的风险。那些复杂的房地产抵押债务衍生品的买家，实在应该听从诺贝尔奖得主乔治·阿克洛夫（George Akerlof）所说的：“在市场上，如果有人要卖给你一些你并不懂的东西，你应该认为这都是骗人的。”

相较于其他金融模型，BS 模型具有一个不错的特征。当时有人说：“嘿，金融学不是火箭科学。”金融经济学家现在可以回答说：“哦，当然是！”罗伯特·莫顿（Robert Merton，拥有工程数学背景的诺贝尔奖得主）把伊藤引理（Ito’s lemma）加进 BS 模型。火箭科学家运用伊藤微积分（Ito calculus），把连续时间分解为无限小的片段，直到使其成为连续状，借此追踪火箭轨迹。BS 模型不仅让经济学看起来像是科学，而且是火箭科学。诺贝尔奖得主保罗·克鲁曼（Paul Krugman）对于经济学家的评论，可以容易地套用到金融经济学家身上："正如我看到的，经济学专业已经走入歧途，因为经济学家——披上看似威严的数学外衣——普遍误把美丽视为真理。"罗伯特·海尔布鲁诺（Robert Heilbroner）说："数学让经济学变得更严格，但也使之成为一潭死水。"

BS 模型最大的问题是，在处理极端价格变动时的不准确性。基于 BS 模型的价格对数正态分布可以低估风险事件概率 1/10。长久以来，实务者已经普遍使用更切合实际的二项式定价模型，用以取代 BS 模型，但学术界仍然视 BS 模型为现代金融学的伟大发现。用诺贝尔奖得主罗伯特·席勒的话来讲："经济学所讲的，是我们认为大概符合实际的故事，但我们却被自己的故事弄迷失了。"

对投资组合保险说不!

另一个现代金融界引以为傲的创新是投资组合保险。这个概念是由几位金融学教授提出的，他们认为，当股市快速上涨时，投资人应该增加多头头寸敞口；当股市快速下跌时，则应该减少多头头寸敞口。这应该会产生类似于衍生工具套期保值的效果。然而，任何具有丰富实践经验的人都可以看出这并不是个好主意，因为市场在短期内会回归均值。通常，市场会对信息作出过度反应，然后发生反转。

投资者经常会有不正确的反应，他们会在低位时卖出，高价时买进。投资组合保险的做法也相同。专业报价商与场内经纪人的操作方向刚好跟投资组合保险相反，通过和投资者的交易做对冲而获利，这也是维持短期市场流动性与价格稳定的主要来源。

1987 年 10 月 19 日，股票市场创下有史以来最大的单日跌幅。标普 500 指数当天下跌 22%，一天半的时间下跌了三分之一。投资组合保险加强了这波卖出压力。1988 年调查市场机制的总统专门委员会（也就是所谓的布雷迪报告）得出结论，当天的卖出压力中有三分之一涉及投资组合保险。投资组合保险让原本的市场调整演变为大规模恐慌。这次市场崩盘后，投资组合保险人收拾自己的行囊走人，然后市场就反弹了（即“均值回归”），而这也给投资组合保险人造成巨大的损失。

这个事件对于有效市场没有推动作用，因为价格竟然可以比之前一天下跌 20%。无论从哪一天来看，我们都很难说“价格是正确的”。

对于 2007—2008 年的全球金融危机，某种程度上是由于我们迷信自我调整、理性市场的理念造成的。正如保罗·沃克尔（Paul Volcker）所说：“很显然，近年来之所以发生金融危机，是由于我们对于理性解释和市场效率不合理的信念。”有一些人则责怪有效市场假说，因为其对于“非理性繁荣”漠不关心，对于长期低估资产泡沫破灭的危险也表现冷漠。最近这次金融危机发生之后，保罗·沃克尔曾说，过去 20 多年来唯一有价值的金融创新，或许只有自动取款机，听上去也很有道理。

➤ 现代金融学的贡献

平心而论，过去 75 年来，金融市场确实创造了一些有用的东西。首先是为了大幅减少持有股票所联系的公司特有的风险，投资者应该构建至少包含 25～30 种不同股票的投资组合。以这种方式降低分散化的风险就像投资者可以得到一份免费的午餐。这些认识有助于共同基金和其他类似投资产品的快速发展。根据投资公司协会的资料显示，1965 年只有约 170 支共同基金，管理着 350 亿美元的资产。到了 2012 年，增加到 7 596 支共同基金，管理着超过 13 万亿美元的资产。

现代金融学的第二项重要发现，是让人们更了解到投资者为专业投资管理支付了高额费用。很多时候，支付的费用无法带来应有的收益。现代的先验理论和实证检验直接促进了指数基金的发展，而这为那些已经接受它们的投资者带来很大的好处。

现代金融学的第三项重要发现来自心理学领域。行为金融学可以解释金融理论和实务之间的许多不一致。这能帮助投资者更了解某些未曾有过的心理倾向，进而培养更明智的行为。

现代金融学的第四项重要发现，是考尔斯和琼斯在 1937 年首次系统性地提出动量的概念。此后，学者们数百篇的研究成果证明了动量的有用性。虽然学术界仍然忙于构建更复杂的金融市场模型，但简单的动量却历经时间考验，成为最主要的市场异常现象。

第四章

动量的理性和非理性解释

一个理论能令人印象更深刻，是因为其前提越简单，涉及不同的事情越多，适用的领域越广泛。

——爱因斯坦

如果你问学者有关动量的效用如何，他们中的大部分人可能会说，动量运行得很好。如果你问他们为何运行得这么好，他们大概只能对你干瞪眼。如果我们真的不知道动量为什么能够有效运行，那本章将会很简短。因此，我将给出一些可能的原因，尽量解释为什么动量能够有效运行，虽然现在我们还不完全知道答案。

我们为什么要试图了解动量运行，以及如何运行？这有几个原因。首先，对这方面有所了解后，会使我们使用动量时更有信心。

其次，了解了动量如何运行以及为何能够运行后，会帮助我们了解市场的一般功能。这可能有助于帮助我们理解影响投资者行为的心理偏误，以及我们自己作为投资者的行为和动机。

再次，了解动量的相关特性，可以帮助我们开发能更好地利用动量异常现象的模型。了解动量的根本原理，将协助我们发展相关模型，更有效地利用动量异常现象。

最后，了解动量如何运行，可能会使我们更好地了解动量效益在未来是否能保持强劲。从 1990 年代初期动量的研究成果广泛发表以来，动量是唯一得以持续存在的异常现象。如果我们能明确有关动量的根深蒂固的行为力量，或许我们就有更多理由相信动量效益会在未来持续存在。

➤ 为何动量能够有效运行？

关于为何动量能够有效运行，有以下两种观点。第一，高动量收益是对投资人承担较大风险的补偿。这是一种理性的解释，即所谓的因果关系。如果您承担了较大风险，也就应该获得更多的收益作为补偿。这种观点显然与基于理性的有效市场的观点相一致。然而，由于诸如规模和价值等常见风险因素无法解释动量收益，因此我们需要找到那些迄今未被发现的新风险因素。

第二，异常动量收益并非作为风险补偿而存在，而是投资人以系统性和可预测的方式，呈现的出人意料和不理性的行为。在行为金融学的原则下，市场并不总是有效的。正是投资人的行为，而并不是市场参与者普遍共享的信息推动市场的发展。价格并不总是反映所有可用的信息，因为行为偏差可能导致价格长期过高或过低。

我将从理性和行为两方面解释动量。然而，事情并非如此简单，有些专家认为，动量绩效表征为理性和非理性因素的结合。正如我们在第三章中看到的，现实世界并不总是与我们所希望的模式完全吻合。

➤ 动量的理性基础

康拉德（Conrad）和豪尔（Kaul）在 1998 年首次给出了以风险为基础的动量解释。他们认为，个别股票预期收益的剖面变动可以用来解释动量效益。但是，杰格德什和蒂特曼（Jegadeesh and Titman，2001）发现康拉德和豪尔的研究存在估计偏差。另外，杰格德什和蒂特曼认为，后动量持有期的股市反转，与动量效益来源于预期收益变动的观点不一致。格伦迪和马丁（Grundy and Martin，2001）的研究表明，时变风险因素产生的预期收益不能解释动量效益。

➤ 基于风险的动量模型

查迪亚和谢瓦库马（Chordia and Shivakumar，2002）确定了一些其他风险因素，他们希望用来解释动量效益。这些是与商业周期相关的滞后的宏观经济变量。詹森（Johnson，2012）提出其他解释性风险因素是随机和偶发性的成长冲击，安、康拉德和迪特马（Ahn，Conrad and

Dittmar，2013）提出和产业因素有关的非参数随机性风险，以及帕斯特和斯坦博（Pastor and Stambaugh，2003）提出的整体流动性波动。班赛尔、迪特马和伦德布兰德（Bansal，Dittmar and Lundbland，2005）提出了现金流中存在的消费风险，而萨吉和西肖尔斯（Sagi and Seasholes，2007）则把动量效益归因于企业特定的属性，如较高的市盈率、较高的收入波动率和较低的销售成本。刘和张（Liu and Zhang，2008）则把动量效益和工业生产增长联系起来。

格里芬、吉和马丁（Griffin，Ji and Martin，2003）则不主张使用额外的风险因素，因为宏观经济风险变量不能解释动量效益。阿夫拉姆夫和查迪亚（Avramov and Chordia，2006）发现证据，认为随时间变化的宏观经济变量和流动性无法作为动量的解释变量。正如我们将在第九章中看到的，数据挖掘和过度偏差也会严重影响寻求在理性的基础上解释动量的额外因素。

➤ 动量的行为基础

法玛（Fama，1998）认为，行为偏差可能受到“模型疏浚”的影响，投资者试图找到偏差因素以适应实际需求。他推测，这可能导致越来越多的模型试图解释动量绩效。这种盛况并未出现。事实上，当时存在的五六个动量行为解释模型，一直到现在还是如此。正如我们看到的，反而是有效市场理论的支持者，持续寻找额外的风险因素，希望在理性的基础上解释动量。这些尝试类似于研究人员持续寻找额外风险因素，以求得能够解决第三章中提到的线性因素模型问题。

➤ 早期的行为模型

社会心理学与股票市场投资始终存在着密切的联系。1912 年，塞尔登（Selden）出版了《股票市场心理学》（*Psychology of the Stock Market*）一书，他秉持着“相信交易价格的运动在很大程度上取决于投资和交易公众的精神态度”。根据格拉汉姆和多德（Graham and Dodd，1951）所说：“普通股的价格并不是仔细计算得出的，而是人类杂乱无章反应的结果。”

在久负盛名的经济学刊物《经济计量学》（*Econometrica*）中，被引用最多的一篇文章来自两位心理学家卡内曼和特韦尔斯基（Kahneman and Tversky，1979）的《前景理论：风险状况下的决策分析》（Prospect Theory：An Analysis of Decision Under Risk）。卡内曼在 2002 年获得诺贝尔经济学奖，并于 2013 年获得总统自由勋章（特韦尔斯基早已过世）。这些作者的突破性文章，挑战了传统的效用最大化行为。前景理论认为，人们对于利益和损失有不同的价值评价。投资人对损失的感受比获利更敏感，这种现象称为“厌恶损失”。前景理论可以解释为何个人会做出偏离理性决策的决定。

卡内曼和特韦尔斯基的研究形成了确定其他系统性行为偏差的基础，这些行为偏差以下列方式表现：

- 锚定效应，不充分调整，反应不足
- 确认偏差
- 羊群效应，反馈交易，过度反应
- 守旧性，代表性
- 过度自信，自我归因
- 资讯缓慢传播
- 处置效应

➤ 锚定效应与反应不足

锚定效应是指我们过度强调第一信息的重要性。卡内曼和特韦尔斯基（Kahneman and Tversky，1974）证明，人们锚定于过去资料所形成的观点，不愿意根据新信息调整他们的观点。根据穆比和普罗格（Meub and Proeger，2014）的研究，锚定效应既可能发生在个人层面上，同样也可能发生在社会层面上。社会锚定效应会增加大众接受、遵从现状的压力。

不论哪种类型的锚定都会产生惯性。这可能导致投资者对新闻事件的反应不足，使得价格低于其公允价值。一旦价格趋势发展起来，其会在一定时期内保持强势，直到价格追上公允价值。

➤ 确认偏差

确认偏差和锚定效应有着密切联系：对于那些能够证实我们观点的信息，我们会过分强调其重要性。确认偏差可能是已知最早的行为启示。英国哲学家弗朗西斯·培根

(Francis Bacon)在1620年曾就确认偏差指出：

人们一旦采纳了某种观点（不论是他人接受的或者自己认可的），都会寻求来自各方的认可和支持。虽然还有更多、更重要的证据，但往往都会被忽略、漠视、束之高阁甚至拒绝；为了维护先前结论的权威性和不可侵犯性，会设置一个重大而致命的前提。

乔治·奥威尔（George Orwell）说过：“只有与自己的愿望相符时，人们才能预见未来，否则的话，即使是显而易见的事实也会被忽略。”沃森（Wason，1960），以及卡内曼和特韦尔斯基（Kahneman and Tversky，1974）证实，投资者会以很多方式，来寻找能够证实既有信念的信息，而忽略那些与其既有信念相悖的信息。

投资者往往会受制于确认偏差，把股价最近的走势看作未来的代表性趋势，会投资于最近有较好表现的证券，较少投资于最近表现较差的证券。如此就强化了价格趋势，并使这种趋势持续下去。弗里森、韦勒和邓纳姆（Friesen，Weller and Dunham，2009）研究出一个确认偏差模型，解释运用过去的价格模式以取得技术交易法则的成功。

➤ 羊群效应、反馈交易和过度反应

德朗（Delong，1990）等人研发出第一个正式的行为模型以解释动量绩效。他们的研究发现，交易者遵循正向反馈策略，他们会在价格上涨时买进，价格下跌时卖出。这导致价格过度反应并带来动量效益。除了这种效应之外，加里奴和佩德森（Gârleanu and Pedersen，2007）发现，运用诸如止损单等过去价格的风险管理规划，会使投资者在下跌趋势时卖出，在上升趋势时买进。而这也会证实和强化价格趋势。

比克钱达尼、赫内弗和韦尔奇（Bikhchandani，Hirshleifer and Welch，1992）描述的信息级联反应导致交易者群起而舞，而羊群效应自我强化。在股票分析师的建议和预测（Welch，2000）、投资简报（Graham，1999）以及机构投资者（Grinblatt，Titman and Wermers，1995）中也存在羊群效应。当约翰·梅纳德·凯恩斯（John Maynard Keynes）说投资经理人的最高指导原则就是保住自己的饭碗，他也发现了羊群效应。为了做到这点，专业投资经理人绝不允许自己特立独行而犯错，最终导致了他们的羊群效应。

查尔斯·麦凯（Charles MacKay，1941）在其经典著作《非比寻常的大众幻想和群众性癫狂》（*Extraordinary Popular Delusions and the Madness of Crowds*）中说道："说得好，人们会成群地思考；他们会群体性疯狂，但如果要恢复意识，只能一个一个慢慢来。"羊群效应存在着显著的生理和心理基础。它与荷尔蒙释放，以及信任和安全感的正向感受相关联。相反，脱离群体独自存在时，会刺激杏仁核神经元从而引发战斗或逃跑反应，完全压制思考。

羊群效应是一种本性行为。当动物群居时，为了降低被攻击的风险，这种效应就会呈现出来。羊群效应已经根深蒂固地植入我们大脑的化学成分和 DNA 中。

还有证据表明，市场活动本身可以刺激生理变化，并因此产生额外的行为变化。坎达萨米（Kandasamy，2014）的研究显示，当市场价格波动日益剧烈时，投资人释放的压力荷尔蒙皮质醇会增加，这使得他们更厌恶风险。生理因素诱导的风险偏好变化，可能是市场不稳定性无法受到重视的原因。这或许有助于解释许多个人投资者为何倾向于跟随大众在市场底部或附近卖出，也有助于我们更了解反馈相关行为的基础。我们将在稍后章节看到，在我们承受过高压力前，绝对和相对动量如何帮助我们从投资组合中清除持续下跌的资产，从而避免产生对我们的财务良好状况有害的行为。

还有一些其他理论指出，为何投资者遵循正向反馈策略会产生羊群行为。巴贝里斯、施莱弗和维希尼（Barberis，Shleifer and Vishny，1998）认为，由于守旧性偏差，投资人最初对新闻事件反应不足，随后则因为代表性偏差而长期呈现过度反应。所谓的带变形偏差，如同卡内曼和特韦尔斯基（Kahneman and Tversky，1974）所指出的，当你看到熟悉的事物时，能够把不同的事物关联在一起。就投资者来说，如果看到最近价格强势时，他们可能就会假定这是未来经济形势向好的预兆。

丹尼尔、赫内弗和苏布拉马尼扬（Daniel，Hirshleifer and Subrahmanyan，1998）提出了一个反馈模型，该模型纳入了投资人过度自信偏差和自我归因偏差。过度自信是实证心理学最成熟的研究成果之一。卡内曼（Kahneman，2011）说过："我们很容易高估自己对于世界的了解，却低估事件偶然性。"过度自信可能会导致次优结果。淹死的往往是会水的。

过度自信也会引发后见之明的偏差和自我归因的偏差。后见之明的偏差，是指人们往往事后以为过去的事件是可以预期的。自我归因的偏差，是指投资人往往把成功归因于自己的技能，而失败归因于外在因素或坏运气。此时，投资人往往过度自信地买进，以致推高了股价。他们可能随后对任何确定性消息过度反应，这突出了价格趋势并保持正向动量。

巴贝里斯等（Barberis et al.，1998）和丹尼尔等（Daniel et al.，1998）对动量效益的解释是基于投资者行为导致的市场低效率。反之，宏和斯坦（Hong and Stein，1999）则把动量效益归因于市场缺陷。他们认为，市场有两种交易者：第一种是新闻观察者，他们目睹了新闻逐渐传播。这最初导致价格走势对短期价格反应不足，随后又反转。第二种是通过动量利用新闻观察者所遗留的利益。一旦有了动量，为了通过信息传播获得利益，他们就会随之起舞。这就是为何起初反应不足，随后投资人追逐利益而产生延迟的过度反应。

达芬（Duffine，2010）将价格走势缓慢归因于投资者的注意力不足，而不是新闻的慢速传播。查恩、杰格迪什和洛克尼什克（Chan，Jegadeesh and Lokonishok，2012）

认为，在6到12个月内相对强度动量运行良好的原因是，分析师需要花费这么长时间来调整适应新信息。米切尔、佩德森和普尔维诺（Mitchell，Pedersen and Pulvino，2007）认为，市场摩擦与套利资本移动缓慢会阻碍价格发现，导致价格先跌后反弹。

➤ 处置效应偏差

处置效应是由谢弗林和斯塔特曼（Shefrin and Statman，1985）创造并由格里布拉特和韩（Griblatt and Han，2005）证实的，是指投资者为了锁定收益而过早卖掉其获利部分，而期待反败为胜导致过久持有亏损部位。谢弗林和斯塔特曼把这种效应归因于心理计划（账面损失不如实际损失造成的痛苦严重）、后悔规避（后悔做错事）、缺乏自我控制（放弃自我约束）以及税负考虑。

弗拉齐尼（Frazzini，2006）研究表明，处置效应导致共同基金经理人对于新闻事件的反应不足。由于好消息会导致过早卖出，所以资产价格不会立即回到其公允价值。同理，当有坏消息时，机构投资人不愿意卖出而使价格下跌较小。这两种行为都会延迟价格发现程序，从而导致价格继续趋向于基本面价值而产生动量效应。

奥戴恩（Odean，1998）从 1980 年代的 10 000 名个人投资者的交易记录中发现，投资人为了获利卖出股票的频率较认赔卖出高出 50%。他发现，处置效应使投资者平均年收益率为 4.4%。

➤ 综合考量

对于动量行为学上的解释主要集中在人性情绪的偏差，这导致最初市场反应不足，随后出现延迟的过度反应。由于过早卖出或买进惯性而使处置效应阻碍资产价格上涨到真实价值。锚定效应和确认偏差可能导致价格不能反映真实价值。

长期来说，通过羊群行为与从众效应会产生追赶程序，从而导致过度反应。所以，羊群效应、锚定效应、确认偏差和处置效应彼此互补，而呈现出一种统一的、以行为为基础的动量诱导行为概念。

现在，如果有人问你为何动量能够有效运行，你可能还是会瞪着他。你可能不知道如何解释，但至少现在你应该知道，动量不只是历经 212 年的昙花一现。动量能够有效运行的理由——事实上，还真不少。

就目前而言，有些理由看起来似乎有些含糊或晦涩。请记住，当有人问理查德·泰勒（Richard Thaler）对于有效市场概念和行为金融学如何选择时，他回答："这是在清晰的错误和模糊的正确中做选择。"

如果你接受动量的行为基础，应该会很高兴，因为行为偏差深植于我们的心理构造和生理构成，这使得它未来不太可能变化。你同时应该感到舒心的是，动量将让我们借由行为偏差而获利，而不是以不利方式让我们受制于这些偏差。

现在我们有了这些理论基础，接下来要讨论比较务实的东西。下一章我们准备探讨动量组合可以考虑的潜在资产。

第五章

资产选择
——好的、坏的和丑陋的

分散化投资是对无知的保护。只有当投资者不知道自己在做什么，才需要做广泛的分散化投资。

——沃伦·巴菲特

我们都希望自己的投资能够获得最高的风险溢价，最小化尾部风险或回撤风险。风险溢价是我们通过买进-

持有策略，承担风险而享有的回报。杰里米·西格尔（Jeremy Siegel，2014）在其经典著作《股市长线法宝》（*Stocks for the Long Run*）的序言中写道："长期以来，股票市场回报不仅超过其他所有金融资产，而且与考虑了通货膨胀的债券相比，其回报更具安全性和可预期性。"

1900—2013年，美国股票的平均年化溢价收益为6.5%（即超过无风险回报的部分），而非美国股票的风险溢价为4.5%。过去30年的债权牛市期间，债券回报只能与股票同步调。然而，事情并非总是如此。

债券？我们不需要臭不可闻的债券

1900—2013年，美国长期国债扣除通货膨胀后的平均年化实际收益率仅为1.9%，远低于美国股票在同一时期6.5%的年均实际收益率。从1940年到1981年，债券的实际收益率一直是负值。在1941年购买的美国长期国债一直等到1991年才能持平。

至于我们现在能够合理预期的是，目前的债券收益率是我们预期自己将来收益的重要衡量指标。先锋集团的创始人和前任总裁约翰·伯格（John Bogle）指出，自 1926 年以来，如果投资人持有 10 年期美国国债至到期，利息按现行利率再投资，那么该国债的债券收益率可以解释其 92%的年化收益。当前 10 年期国债的年收益率为 2.7%。这也是我们猜测的中期国债持有者期望的合理年化收益。

历史上，投资者已经开始使用债券来使其股票投资组合分散化，并降低投资组合的波动性。投资者通常会选择低波动性资产（如债券），以使其能够经受周期性股市下跌。在 2007—2008 年金融危机期间，债券表现显然优于股票。然而，情况并非总是如此。自 1973 年以来，其中有 70%的时间里股票和债券是呈正相关的。它们有一些共同的风险因素，只在某些条件下向相反的方向移动。图 5.1 显示了自 1931 年以来 Ibbotson 美国长期国债指数和标普 500 股票指数之间 5 年期滚动相关性。各位可以看到，有一半时间里股票和国债之间的相关性大于零。

债券也可能比股票更不稳定，并且同样易受极端损失的影响。自 1990 年以来，美国长期国债的最大回撤为 68%，而美国股票的最大回撤为 73%。自 1807 年以来的

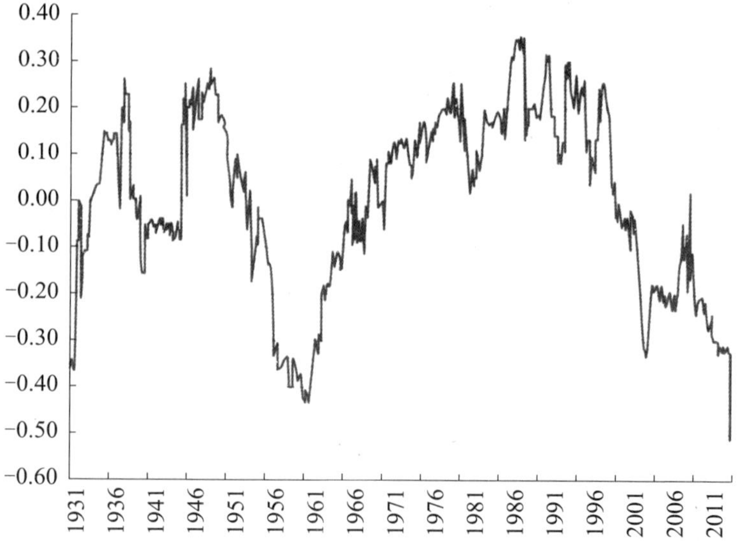

图 5.1 标普 500 指数与美国政府债券之间的 5 年期相关性（1931—2011）

每五年期间，股票最差的表现（每年－11％）比国债和债券的最差年度表现略糟。当观察 10 年持有期时，股票表现甚至优于债券表现！

看看过去 200 多年的收益，债券的实际收益率每年平均为 3.6％，而股票的实际收益率每年平均为 6.6％。图 5.2 显示了长期来说投资人的意义。我建议各位先观察这张图，直到弄清真正的意图。你的长期财务状况可能会取决于此。与债券、国债、商品（黄金）相比，显然股票的长期累积回报是最大的赢家。

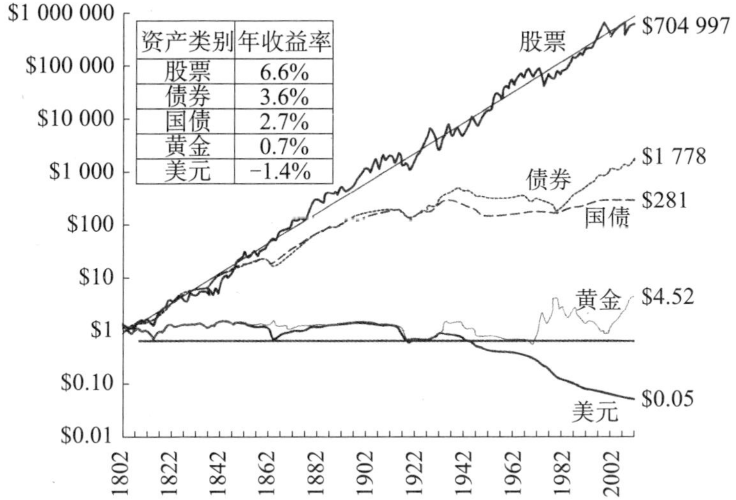

图 5.2　股票、债券、国债、黄金和美元实际回报（1802—2012）

美国家庭大约只有半数持有股票，包括他们的退休资产在内。在论文《短视的厌恶风险和股票溢价之谜》中，伯纳特兹和泰勒（Bernartzi and Thaler，1995）给出了这样的案例，相较于债券，投资人之所以不愿持有更多股票，是因为他们过于关注短期表现和价格波动，而不是长期业绩目标。厌恶风险心理导致投资者减少股票持有量，拉低股价，股票的风险溢价上升。如果投资者能够更多关注大局而不是短期波动，那么就可以更长时间从事股票投资，以获得较高的股票风险溢价。绝对和双动量通过降低风险将有助于投资者实现这一目标。

由于债券市场过去 30 年的良好表现，很多人可能忘记了上一次债券熊市一直从 1946 年持续到 1981 年。期间，国债的收益率曾上升到 15%。图 5.3 显示了美国债券市场的长期历史以及当前我们所处的位置。

图 5.3　10 年期美国债券收益（1871—2013）

鉴于债券价格与利率变动相反，如果中期债券其年收益率上升到长期平均利率 6.75%，可能债券会损失一半的价值。应该记住，在未来 45 年里实际国债收益率是负值，与今天存在的估值水平相似。

下面是沃伦・巴菲特在 2012 年给伯克希尔・哈撒韦

公司股东的年度信函中，就有关固定收益投资提出的观点：

> 它们是最危险的资产之一。过去的一个世纪，这些投资工具已经摧毁了很多国家投资者的购买力，即使这些债券持有人仍然按时收取利息和本金……现在，是时候给债券贴上警示标签了。

那么问题是：如果绝对（双重）动量可以降低股票投资组合的下行风险，那么债券是否需要永久性地配置？只有当股票表现疲软而债券表现强劲时，绝对动量才会使用债券。例如，2008年债券有良好表现，而同时股票大幅下跌。绝对动量这种动量资产配置方法会配置股票或债券，但只有在最合适的时候才会如此。如果永久性分配给债券的资本能够降低绩效拖累，可能就是两全其美的办法了。

对于保守型投资者来说，诸如已经退休或即将退休的人，或者有强烈风险厌恶的人，稍后我将说明如何使用适度的债券配置，以缓解双动量投资组合的短期波动风险。我也将说明如何将双动量应用于债券市场本身，以提高债券收益并降低其下行风险。由于认知不一致以及锚定效应偏差的影响，投资人或许要在下一波债券空头市场中才能彻底放弃想法，即在长期投资组合中永久性持有债券。

➤ 风险平价，真的吗？

近年来，一些投资者大幅增加其固定收益的风险敞口，这显然与趋势背道而驰。如今有些所谓的“风险平价”投资计划，在其投资组合中持有债券的比例超过75%，以期平衡股票和债券的价格波动率。由于债券收益低于股票，这些投资计划通过杠杆效用以把期望收益提升到可接受的水平。这种操作恐怕不是一个好主意，因为目前利率水平接近历史最低点。杠杆投资组合中包含着各方面的风险，如：峰态（收益分布肥尾）、流动性不足、交易对手、传染风险等。在与杠杆投资组合结合时，负偏态（负值收益水平大于正值收益）可能会造成很大伤害。风险平价只是投资者用股票的风险来交换其他形式的风险，后者也可能有同样问题。

2013 年第二季度，Invesco 价值 235 亿美元的平衡式风险配置策略（Balanced-Risk Allocation）下降了 5.5%。最大型的风险平价规划，Bridgewater 价值 790 亿美元的全天候基金（All Weather Fund）中，价值 560 亿美元的通货膨胀相关债务发生 8.4%的损失，迫使该基金重新评估其对固定收益的严重依赖。与此相反，当使用双动量时，“我们就不需要臭不可闻的债券”，除非双动量告诉我们需要如此做。我们会使用债券，但只有当债券能够有效提高投资组合价值，而不是给投资组合带来反向效用。

57 种分散化投资

分散投资是个古老的概念，早在 1 500 年前的《巴比伦法典》(Babaylonian Talmud) 中就提到：“人总是把自己的财富三分之一放在土地，三分之一放在商品，另外三分之一放在手上。”《圣经·旧约传道书》(Ecclesiastes 11：2) 告诉我们：“把你的资产分为七份甚至八份，因为你不知道世界会发生什么不幸。”莎士比亚在其《威尼斯商人》(*The Merchant of Venice*) 中写道：“我的生意并不完全寄托于一个基础，也无须仰赖一个地方。我全部的资产也不因为一年的绩效而受到影响，所以我的产品并没有让我发愁。”

随着 2007—2008 年全球金融危机的发生，许多不同类别的资产严重缩水，这促使人们寻求更显著的分散化投资。一个流行的说法是，分散投资一直运行良好，直到出现问题为止。

市场危机时期价格相关性就会急剧上升，而这也是最需要分散化投资的时候。正是这样的原因促使分散化投资更为迫切。

➤ 国际性分散

除了债券之外，美国股票曝险的最常见分散投资就是持有海外股票。自 1960 年代以来，国际共同基金就一直供美国投资者使用，并且自 1970 年代以来美国机构投资者也开始投身国际化分散投资。

1900—2012 年，美国股票超过国债的年度平均风险溢价为 6.5%。对于 18 个非美国市场来说，该数据平均为 4.5%。所以美国股票的长期收益显著优于非美国股票的收益。近年来，美国股票与非美国股票之间的相关性有所上升。1971—1999 年，标普 500 指数和欧澳远东指数之间平均 12 个月期的相关性为 0.42。后来，该相关性上升到 0.83。就美国最大的 50 家企业来看，中位企业目前在美国境外的业务占到 57%。美国和海外股票的分散化投资价值显著下降。但是，考虑不同市场的进出方式，非美国股票可能仍然基于相对强度动量增加投资组合的价值。这也是为什么我们将其放到双动量投资组合中的原因。

新兴市场

为了寻求更多的分散投资机会以及更高的潜在收益，一些投资人通过运用新兴市场股票，将其视为一个单独的资产类别。然而，新兴市场额外的风险尤其大。这些市场只有不到 30 年的股票历史，流动性差且交易和管理成本高，而且，发展中国家使用的会计方法并不完全符合发达国家的标准。

因为新兴市场可能出现价格急剧暴跌的情况，就会经常看到这些股票被聚集成篮子作为交易单位。这是因为人们坚信，新兴市场中分散化投资能够降低风险。然而，新兴市场整篮股票会产生传染风险，使其作为一个整体进行交易。整合和传染也可能造成流动性风险扩大。在俄罗斯债务危机期间，新兴市场中即使像新加坡这样遥远的国家，也出现了严重的资本外流和价格剧烈波动。

随着全球化的发展，新兴市场之间以及新兴市场和发达市场之间的价格相关性也随之提高。图 5.4 显示了新兴市场和发达市场之间 5 年期滚动式月度相关性的情况。1990 年代相关性还低于 0.30，但在过去的三年里，相关却始终稳定在 0.9 以上。

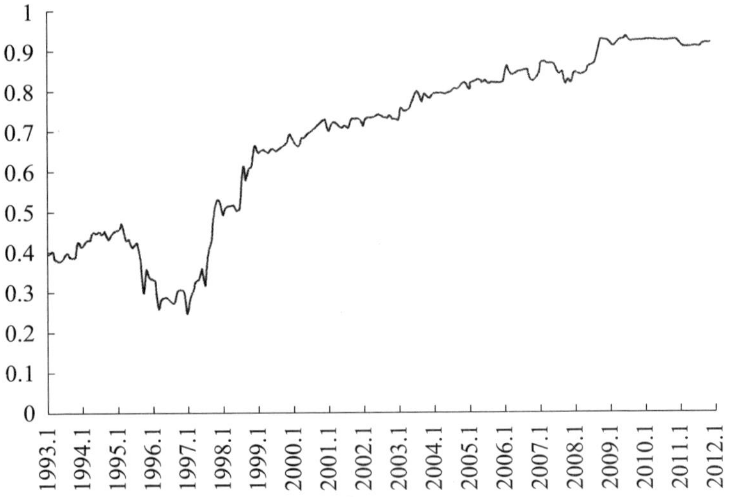

图 5.4　欧澳远东与新兴市场之间 5 年期滚动式月度相关性

从分散投资的角度来看，新兴市场逐渐失去吸引力。现在，这些市场所增加的只是额外的价格波动性和不确定性——而这都不是投资者想要的。我们将新兴市场资产纳入我们以双动量为基础的模型，主要是因为它们都属于我们投资组合中非美国股价指数的构成部分。由于该指数属于资本市场加权指数，新兴市场大约只占该指数的 14%。

事实上，即使这些新兴市场从双动量投资组合中完全剔除，对投资结果也不会产生显著的稀释作用。

被动型商品期货

最近另一个颇具吸引力、价格波动显著的资产类别是商品期货。其中一个重要原因是，人们相信商品能够作为通胀对冲。但长期来看对于普通股来说，通货膨胀保值债券（Treasury Inflation-Protected Securities，TIPS），甚至国债，都是能够作为通货膨胀的对冲工具。

如同外汇一样，商品期货的根本问题在于，它们并非如股票或债券相同意义上的资产类别。资产类别是指同质资产的投资组合，并因此能够长期提供超过无风险利率的正值超额收益，而这种“风险溢价”或收益是由于持有该资产承担风险。

股票和债券都是筹资的工具。作为筹资的回报，投资者期望债券支付一系列款项，以及来自股票的剩余现金流。但是，投资者不能期望商品期货多头仓位，会产生如同股票和债券一样的超额收益。

如果不考虑交易成本，商品期货合约是一种零和游戏，也就是说合同中买卖双方的盈亏平衡相等。根据厄尔布和哈维（Erb and Harvey，2006）所说："个别商品期货合约的平均超额收益基本为零。"

商品期货是一种保险型市场，其中套期保值者和投机者进行风险交易，并不能期待存在总体正值收益。期货合约在到期日不复存在，而且这些交易没有创造财富。由于期货合约买卖双方发生的盈亏平衡，因此不能说买方由于承担价格波动而有权获得正值收益，而卖方也可基于同样的原因获得合理回报。其中必然会一方有亏损而另一方有收益。

商业套期保值者通常是卖空者，他们需要在资本密集型业务中解决未知的风险。投机者本没有必要参与商品市场，他们会做反向交易，是因为投资者把到期日的合约延展到更久的交割日，从而使其可以收取溢价。

1980 年代，我正管理着一家大型商品基金。当时，商品期货买家享有一种由套期保值者支付给投机者的，称为"展期收益"或"展期溢价"的系统性正值收益。套期保值者向投机者支付保险费，是为了转移他们不愿意或不能承担的风险。

但是，这种动量结构现在已经发生了变化。仅仅从

2000 年代初以来的资料显示，总体商品是一种很合适的分散化投资组合，戈顿和卢文赫斯特（Gorton and Rouwenhorst，2006）等在学术论文中，推荐机构投资者持有被动型商品期货投资组合。高盛和其他指数人推动商品期货，并视其为适合机构投资者的新资产类别。

2002—2007 年，一篮子商品投资组合价值激增 150%，而 2004—2008 年，有超过 1 000 亿美元资金流入商品期货市场。这造就了所谓的“商品金融化”。根据 J. P. 摩根商品研究机构的资料显示，到 2009 年底，投资者关联到高盛商品指数（Goldman Sachs Commodity Index，GSCI）的资金为 550 亿美元，关联到道琼斯-瑞银商品指数（Dow Jones-UBS Commodity Index，DJ-UBSCI）的资金为 300 亿美元。

从 2007 年 7 月的 1 700 亿美元增加到 2013 年 2 月的 4 100亿美元，商品投资增长超过两倍。捐赠基金、退休基金、对冲基金、风险平价投资规划，以及一般交易者都蜂拥加入这一行列，并努力买进只做长期商品指数期货，以分散化投资组合。

很多养老金投资计划现在都认为，他们的投资组合资产中应该有 5%～10%的商品期货合约。如图 5.5 所示，

1990—2012年，非商业利益相关者所持商品期货合约的未平仓量份额从15%上升至42%。

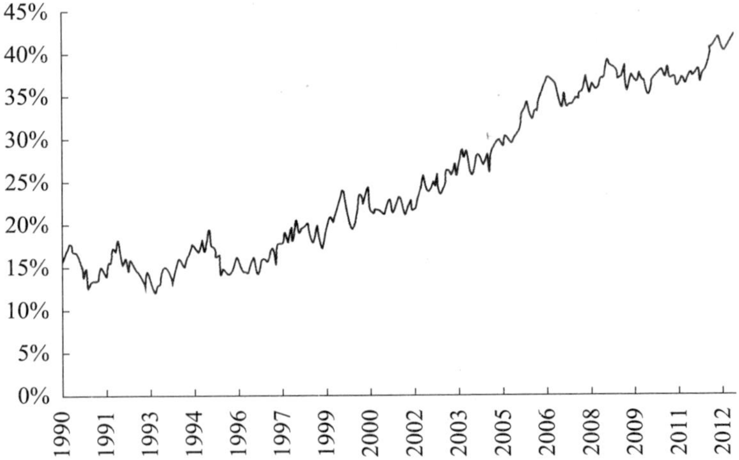

图5.5 非商业利益相关者所持商品期货合约的未平仓量份额

不论价格如何，这些新投机者都会做多。由于与保险购买者（套利保值者）相比，保险提供者（投机者）的数量显著增加，展期收益也就逐渐消失，现在甚至变为负值。1969—1992年，展期收益率平均每年为11%。自2001年以来，其平均收益率已经降为－6.6%。

到1970年为止累积的展期收益，到2009年底已经完全消失。目前被动型商品指数仍然低于2008年的高位水平。目前似乎并不利于那些持有多头商品期货的投资者。

然而，被动型商品仍然被广泛视为理想的分散化投资组合的构成。

目前又有几种新的商品指数，如：德意志银行流动性商品指数最佳收益（Deutsche Bank Liquid Commodity Index Optimum Yield）或萨默黑文动态商品指数（SummerHaven Dynamic Indexes），他们试图选择性地寻找期货合约以降低展期收益的不利因素，如果可能的话，甚至能提供正值展期溢价。但是，无论展期溢价如何发展，被动型商品指数基金却面临着另一重难以逾越的阻碍：由于商品期货头寸的定期展期会导致前期成本。当其他人在延期交割日前进入并交易而且因此获利时，这种情况就会出现。

根据牟益群（音）（Yiqun Mou，2011）的估计，2000 年 1 月—2010 年 3 月，前期运营成本每年为 3.6%。J. P. 摩根在 2009 年的商品研究报告称，自 1991 年以来展期收益导致商品指数收益率每年减少 3%～4%。这些隐藏成本很快就会影响被动型商品指数期货买家的购买欲。

价格相关性上升，是指数商品面临的另一个问题。根据唐和熊（Tang and Xiong，2012）的研究显示，1990—2000 年期间，指数商品的平均一年期滚动式相关性相当稳定地处于 0.1 以下。到了 2009 年，相关性已经攀升到

0.5。2008年以前，GSCI和标普500指数之间的相关性一直处于−0.2～0.1之间。自2008年以后，相关性就一直稳定在0.5以上。

另外，在1929年股市崩盘或2008年金融危机爆发期间，股票和商品之间的相关性都突破至80%以上。换言之，当最需要分散化投资时，商品却缺乏这一特性。根据国际清算银行隆巴尔迪和拉瓦佐拉（Lombardi and Ravazzolo，2012）的研究显示，人们认为商品应作为套期保值工具纳入投资组合的观点已不再成立。

由于展期收益的下降，收益相关性的上升，使得被动型商品期货产生的均值-方差分散风险效益不再那么显著。达斯卡拉奇和斯基德泼洛斯（Daskalaki and Skiadopoulos，2011）在题为《投资人是否应该将商品纳入投资组合？——新证据》（Should Investors Include Commodities in Their Portfolio After All? New Evidence）的综合研究报告中指出，在传统股票/债券投资组合中引入商品交易工具，已不再有利于最大化投资者的利益。布利茨和格鲁特（Blitz and Groot，2004）也发现，商品在股票/债券投资组合中的作用已经微不足道，尽管我们还能纳入包括动量、持仓和低价格波动商品市场风险因素。

实际上，投资者是在 1991 年首次在投资组合中纳入被动型商品指数。表 5.1 是对 DJ-UBSCI 和其他数家公司 1991—2013 年的指数比较，其中包括：标普 500、摩根士丹利资本国际的欧澳远东指数（MSCI EAFE）、MSCI 新兴市场指数（MSCI EM），以及巴克莱资本美国整体债券指数（AGG Bond）。这包括对商品非常有利的 2002—2007 年。图 5.6 则是 DJ-UBSCI 和标普 500 商品指数的比较。

表 5.1　DJ-UBSCI 商品指数（1991—2013）

	DJ-UBSCI	S&P 500	MSCI EAFE	MSCI EM	AGG BOND
年平均收益率	4.1	9.9	6.5	10.3	6.4
年标准差	18.2	18.6	20.2	35.5	5.1

长期来看，1975 年 1 月—2011 年 12 月，GSCI（1991 年以前没有 DJ-BUSCI）的年平均收益率为 6.1%，标准差为 19.3%，而 5 年期国债的收益率为 7.7%，标准差为 4.3%。

➤ 管理型商品期货

我对于被动型商品期货所提的建议同样也适用于积极管理型商品期货。管理型期货通常采用趋势交易法，来参与商品期货市场的多头和空头交易。可是，积极管理型期货交易所赚取的任何超额收益，仍然取决于从商品套期保值者那里取得风险溢价，或者来自战胜其他投机者的艰巨任务。

在1980年代，我管理的期货基金相当成功，为投资者带来了不错的展期溢价。同时，也使得商品交易顾问生意兴隆。但是，更多投资者进入市场，为了相同趋势交易法下实现的收益相互竞争。这使得投资者很难继续获得较高的风险调整后收益。这种情况有点类似积极股票管理，即拥有相同信息的人为了获得优势而彼此竞争。然而，就股票而言，股价有上升的趋势，以及显而易见的风险溢价。遗憾的是，商品并没有这种条件。

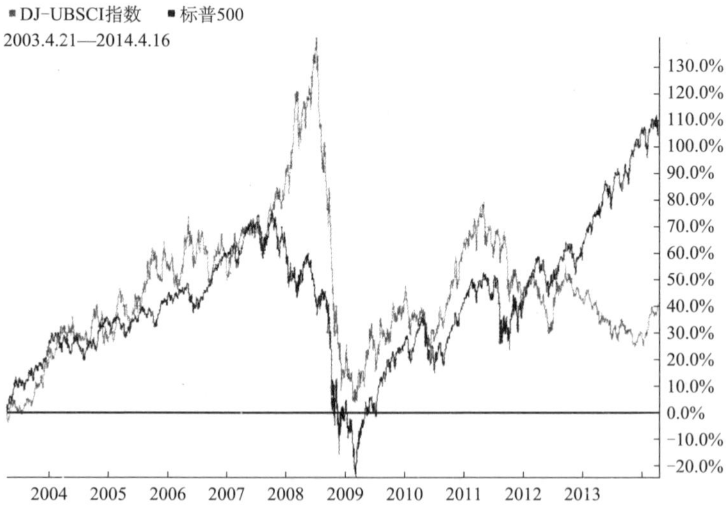

图5.6 DJ-UBSCI指数 Vs. 标普500指数

虽然面对着这些残酷事实，但巴克莱对冲机构（Barclays Hedge）的研究声称，管理型期货的资产从2007年的509亿美元增长到2014年的3 250亿美元，占整个对冲基金产业的15%。尤其令人惊讶的是，自2007年以来管理型期货平均收益率就一直是负值，而现在展期收益也已经连续21个月为负值。

人们积极参与管理型期货，这可能和机构投资者近年来几乎是在不计后果的情况下进行分散化投资有关。例如，美国大学捐赠基金持有资产的54%是替代性投资，而美国股票投资只持有15%。主权基金同样也大幅提高替代性投资的配置。我称之为“无所不有”的投资方法。自从这次新资本流入以来，管理型期货究竟发生了什么？

巴德瓦杰、戈顿和卢文赫斯特（Bhardwaj，Gorton and Rouenhorst，2013）发表了一篇文章，题为《愚弄某些人：商品交易顾问的低效表现和持续性》（Fooling Some of the People All the Time：The Inefficient Performance and Persistence of Commodity Trading Advisors）。他们通过运用理柏-塔斯数据库（Lipper-TASS database）930家商品交易顾问（CTA）的相同权数绩效，在经过存活和回填偏差调整后，发现商品交易顾问比美国国债获得更高的超额收益，而后者在1994—2012年间平均超额收益只有1.8%（见图5.7）。这一数值几乎等于零。

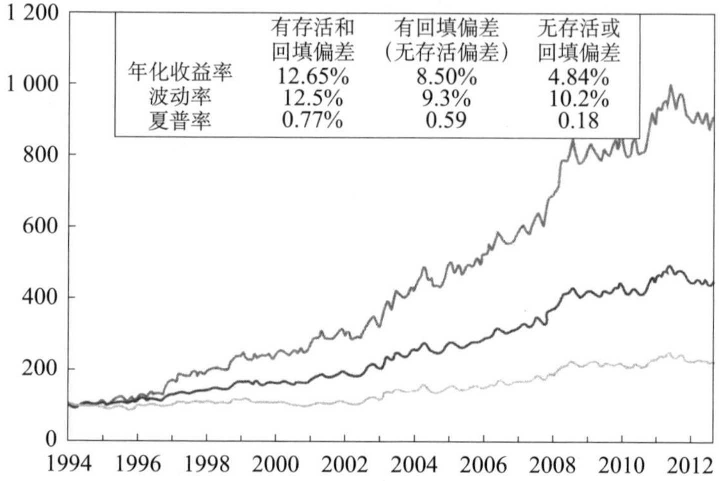

图5.7　商品交易顾问绩效（1994—2012）

与其他对冲基金一样，CTA费用通常为所管资产的2%，每年绩效奖金为20%。在此期间，CTA总费用平均每年为4.3%，甚至是投资者收取的两倍多。投资者获得的收益并不比国债高多少，而且还要承担等同于股票的波动。巴德瓦杰等（Bhardwaj et al.，2013）总结认为，人们对于管理型期货的兴趣还是很高，是因为投资者普遍不了解其绩效不佳的状况，而且没有人愿意给投资者说清楚这种状况。

从 1980 年代中期以来对实际期货交易的研究证实了使用定量时序策略的期货交易缺乏盈利能力。马歇尔和卡恩兄弟（Marshall，Cahan and Cahan，2008）对 1984—2005 年期间 15 个主要商品市场应用了五类法则（过滤规则、移动平均线、支撑与阻力、渠道突破和结余量）中的 7 000 多个交易规则，采用两种不同的抽样方法并剔除数据探勘偏差，发现尽管这些法则被普遍使用，但其本身并不具备盈利能力。

管理型期货可能由于分散效益，在投资组合中仍然占有一席之地。2008 年，瑞士信贷管理期货指数（Credit Suisse Managed Futures Index）上涨 17.6%（这也是管理型期货获利的最后一年），而瑞士信贷对冲基金指数（Credit Suisse Hedge Fund Index）下跌 20.7%。在此期间，路透社/CRB 商品指数下跌 23.7%，标普 500 指数下跌 38.4%，MSCI 世界指数下跌 42.1%，道琼斯威尔希尔房地产证券指数（Dow Jones Wilshire Real Estate Securities Index）下跌 43.1%。商品可以规避经济供给面的冲击，如 1973—1974 年的石油禁运，但通常不能规避对整体经济的冲击，如 1981 年和 2001 年的经济衰退。

对于那些仍想在其投资组合中纳入积极管理型期货的

投资者，还有一种替代方案。赫思特、乌伊和佩德森（Hurst，Ooi and Pedersen，2014）使用 1985 年 6 月—2012 年 6 月期间来自 58 个高流动性期货市场的数据，通过使用类似于将在本书第八章中介绍的简单趋势交易绝对动量策略，取得相当于剔除成本前的 CTA 绩效。希望那些想参与积极管理型商品期货的人，通过使用这种简单趋势交易策略，可以避免承担高额费用而获得趋势交易的收益。

➤ 对冲基金

1930 年代初，阿尔弗雷德·温斯洛·琼斯（Alfred Winslow Jones）是美国派驻柏林的外交官，另外他也为反纳粹地下组织秘密执行任务。早年，他曾经和欧内斯特·海明威（Ernest Hemingway）一起旅行、喝酒，后来他获得了哥伦比亚大学社会学博士学位。1940 年代初期，他加入《财富》杂志并成为一名编辑人员。1948 年，在为《财富》撰写一篇有关投资趋势的文章时，琼斯有了一个特别的风险管理办法，在持有多头仓位的同时，通过卖空其他股票和利用杠杆来提高投资组合收益。1949 年，在琼斯

48岁时，他从四位朋友那筹集了6万美元，再加上自己的4万美元，成立了第一家他所谓的“对冲基金”。

1952年，琼斯向新投资者开放基金，并且把基金结构从普通合伙企业改变成为有限合伙企业。他又增加了20%的绩效奖励费用，作为自己管理基金的薪酬。这种绩效奖金制度是向古代腓尼基商人学来的，他们会保留航海获利的五分之一作为薪酬。作为第一个资金管理者，琼斯结合多头和空头仓位，利用杠杆手段，并通过和其他投资人分享风险，以及基于投资业绩的薪酬制度，使自己成为所有对冲基金之父。

一直到1966年以前，对冲基金产业并没有真正开始发展，当时《财富》杂志大幅报道琼斯管理的这家默默无闻的私募投资基金，如何在过去五年内，绩效超过其他共同基金达到两位数字。截止到1965年的十年时间里，琼斯创造的收益大约是最近竞争者的两倍。《财富》杂志登出这篇文章的两年后，市场上的对冲基金增加到200家左右。

为了追求最大收益（还有绩效奖金），很多基金都放弃琼斯的多空兼做对冲策略，但仍然保留扩张信用的操作手段。对冲基金的发展，快速偏离康拉德·托马斯（Conrad Tomas）在 1970 年代的著作《对冲功能：如何在空头市场、多头市场、软弱市场中赚钱，同时混淆专业基金经理人，并吸引更漂亮的女人》（*Hedgemanship: How to Make Money in Bear Markets, Bull Markets, and Chicken Markets While Confounding Professional Money Managers and Attracting a Better Class of Women*）中阐述的主题。由于放弃对冲基金的特色，导致严重亏损，很多对冲基金在随后的空头市场中关门大吉。根据研究机构 Tremont Partners Inc. 的资料显示，1984 年只剩下 84 家对冲基金。

对冲基金产业继续保持这种状况，相对平静，直到 1986 年《机构投资人》杂志（*Institutional Investor*）发表一篇文章，吹捧朱利安·罗伯斯通（Julian Roberston）管理的老虎基金（Tiger Fund）高达两位数字的绩效报酬。很快地，投资人又开始蜂拥追逐对冲基金。受到 2%管理费和 20%绩效奖金优厚报酬的吸引，很多知名基金经理人在 1990 年代纷纷离开共同基金产业，开始转移阵地，试图成为名利双收的对冲基金经理人。

1998 年，长期资本管理公司倒闭，这对于对冲基金产业造成巨大冲击，不过随后罗伯斯通的老虎基金和 2000

年的量子基金（Quantum Fund）又引爆投机风潮。2002 年，著名基金经理人马里奥·加百利（Mario Gabelli）把对冲基金形容为“高度投机性工具，让无辜肥猫和鲁莽金融机构输掉裤子”。

管理型基金只不过是对冲基金的一种类型，其他还有 18 种，绝大部分都只持有多头部位。为了提升绩效，更广泛分散投资，金融机构就像飞蛾扑火一样，大量介入对冲基金投资。到 2011 年底，全球对冲基金投资有 61%来自机构投资人。对冲基金总资产从 1990 年的 600 亿美元，成长为 1999 年的 2 000 亿美元，而到了 2014 年第一季度，则增至创历史纪录的 2.7 兆美元。

至于到 2013 年 12 月为止的对冲基金绩效，彭博对冲基金总体指数从 2007 年 7 月峰位下跌 1.8%。这意味着 60/40 平衡式股票/债券投资组合的绩效，连续第 11 年击败对冲基金产业。

自 1995 年以来，对冲基金的平均绩效落后标普 500 指数。对于那些实际从事对冲的对冲基金来说，这种情况或许可以接受，但大多数对冲基金并非如此。格里芬和许（Griffin and Xu，2009）研究了 306 家只做多对冲基金从 1986 年到 2000 年的收益，结果显示对冲基金并没有创造风险调整后正数超额收益的特殊能力。从这时开始，对冲基金的 α 值就一直保持为负数。

基金中的基金（FOF），也就是持有其他对冲基金的基金，情况也未必更好。德瓦利等（Dewaele et al.，2011）研究理柏-塔斯数据库内的 1 315 家 FOF，涵盖期间从 1994 年到 2009 年 8 月。针对风险因素做过调整后，作者发现只有 5.6%的 FOF，它们创造的风险调整后收益超过对冲基金指数，而且一般 FOF 和随机挑选的对冲基金，两者之间的绩效并没有显著差异。

2012 年出版《对冲基金幻象》（*The Hedge Fund Mirage*）的作者西蒙·莱克（Simon Lack），运用巴克莱对对冲结构数据库 1998—2010 年的资料，计算资产加权回报，这类似于内部回报率。莱克认为，这种计算较一般的时间加权回报计算更合理，因为对冲基金经理人可控制何时接受或投入资本。运用这种资产加权回报衡量方式，HFR 全球对冲基金指数过去 12 年来提供的年度化收益只有 1.2%。考虑存活或回填偏差，并针对 FOF 收费调整之后，莱克估计投资人在 1998—2010 年期间，集体损失 3 080亿美元，而对冲基金产业收取的费用则高达 3 240 亿美元。根据莱克的估计，对冲基金从 1998 年以来，剥削了投资人获利的84%，FOF则剥削了14%，只剩下2%归投资人所有。莱克进一步指出，投资于避险基金的所有资金，如果完全投资于国债，投资人可以赚取两倍的获利。

迪切夫和余（Dichev and Yu，2009）运用1980—2008年期间的金额加权对冲基金回报进行类似研究。他们发现，相较于买进-持有回报，金额加权回报低了3%～7%。借由风险因素模型，他们发现，对冲基金的真实α值接近零。以绝对数据来衡量的话，加权对冲基金的回报，显然低于标普500指数。

对冲基金不仅绩效不彰，而且因为种种理由风险过高，譬如信用扩张操作、咨询不透明、流动性有限等。Castle Hall Alternative是拥有对冲基金诈欺和倒闭资料库的一家机构，资料显示过去10年内，有超过300件诈欺和内幕事件。对冲基金的平均寿命大约只有5年。根据估计，2010年总共有7 200家对冲基金，其中有775家在2011年倒闭或结束，2012年873家，2013年914家。这三年内，大约有三分之一的基金消失而被其他基金取代。

对冲基金提供的分散风险效益也下降了。根据德意志银行的资料显示，对冲基金和标普500指数之间的平均相关性（根据4年期月份滚动式收益计算）已经从1990年代中期不足 0.5，上升到目前超过 0.8。18 种对冲基金策略中的 14 种，虽然表面上是运用于不同市场的不同策略，却在 2008 年同时出现有史以来最早的净值损耗。

每年 2%的管理费加上 20%的绩效奖金，对冲基金应该是一种报酬制度，而不是资产类别。最顶尖的 25 家对冲基金经理人，他们通常赚取的报酬总金额，超过标普 500 指数所有 500 家美国大企业 CEO 的总报酬。对冲基金经理人集体取得全部或大部分的超额收益，几乎没有任何剩余留给投资人本身。如同沃伦·巴菲特说的："对冲基金是由一群精明的人在经营。但是，在很大程度上，他们所做的努力都彼此抵消，他们的智商也不足以克服他们欺骗投资人所花费的成本。长期而言，一般投资人购买低成本的指数基金，效益应该会更高。"

➤ 私募基金

私募基金包含几种流动性较差的长期投资策略。这等于是重塑 1980 年代之后的杠杆收购。私募基金也包含了创业资本、私募成长资本、问题资本/特殊状况。2012 年，私募基金管理的资产规模约为 2 兆美元，大约和对冲基金相当。

收购基金承担的风险显著超过标普 500，以往赚取的超额回报也显著较高。可是，根据希格森和斯图克（Higson and Stucke，2012）的研究显示，截至 2008 年止的 28 年时间里，收购基金的绝对收益呈现下降趋势。收购基金的超额收益，主要是取决于这些基金内顶尖 10%业者的表现。可是，我们很难预先知道这些业者的表现将会如何。

过去 40 年，创业资本基金的年度获利为 13.4%，标普 500 的对应表现为 12.4%，标普 500 小型股成长指数则为 14.4%。创业资本基金的价格波动较大，市场流动性较差，而且有生存风险。创业资本基金只有 60%～75%业者存活超过 10 年。根据哈里斯、詹金森和卡普兰（Harris，Jenkinson and Kaplan，2013）的研究，自 2000 年以来，创业资本基金的平均绩效比公开市场差了 5%左右。

2001—2010 年，美国退休基金每年从它们投资的私募基金中平均赚取 4.5%的收益（扣除费用后）。但是，这些退休基金平均每年支付管理费 4%，外加绩效奖金 20%。这意味着管理费大约占毛投资绩效的 70%。私募基金对于投资资本通常有 5～7 年的闭锁期规定。另外，投资人经常抱怨私募基金公布的绩效资讯不正确。

虽然收费偏高，流动性较差，绩效差异大，私募基金截至目前仍然是耶鲁大学捐赠基金的最大资产配置类别。一般来说，捐赠基金是私募基金和对冲基金的最主要投资者之一。如同对冲基金一样，私募基金最好还是留给那些具备胜任查证能力的机构投资人。即使是这些投资人，或许也应该重新考虑它们对于这些替代投资的承诺程度。巴伯和王（Barber and Wang，2011）针对大学捐赠基金的表现做了一项长达 20 年的研究，1991—2011 年。他们发现，对于一般捐赠基金来说，只包含股票和债券的因素模型，就能解释基金回报的时间序列差异，而且 α 值几乎为零。

➤ 积极管理型共同基金

我们已经看到，对于那些支付 2%管理费和 20%绩效奖金的基金，譬如管理型期货、对冲基金和私募基金等，投资人都很难获利。现在，我们观察那些收费较低的积极管理型共同基金的情况。

持有共同基金的家庭超过 5 200 万户。目前，投资于共同基金的美国资产总额超过 11.6 兆美元。根据投资公司协会（ICI）的资料显示，美国股票共同基金有 17.4%

属于指数基金，积极管理型股票基金则占 82.6%。

自 1960 年代以来，有关积极管理型共同基金绩效的研究就相当普遍。詹森（Jensen，1968）帮助被动型管理产品立足市场，其研究显示，1945—1964 年，一般共同基金的绩效并没有胜过买进-持有策略。

在这方面的早期研究中，存活偏差造成相当大的问题。截至 2012 年，存活期间超过 10 年的积极管理型共同基金只占 51%。关于共同基金绩效，马尔基尔（Malkiel，1995）第一个对存活偏差做了广泛性研究。他发现，整体而言，共同基金在 1971—1991 年间，绩效表现低于它们的基准投资组合，不论是在计算管理费用之前或之后都是如此。

法玛和法兰西（Fama and French，2009）接着马尔基尔做后续研究。他们运用 1984—2006 年间的共同基金资料，发现只有少数积极管理型共同基金所提供的基准调整后收益得以涵盖其成本，而且很难判断这些超额绩效之所以产生，是因为技巧还是运气。唯一可以确定的是，收费高的积极管理型基金，表现不如收费低者，而这两者的表现都不如收费最低的指数基金。

另一份类似研究里，巴勒斯、斯卡利特和维莫斯

(Barras, Scaillet and Wermers, 2010) 考察了 1989—2006 年间的 2 076 家美国共同基金。经过资料探勘偏差调整后，他们得出结论认为，经理人具有技巧——所创造的积极收益超过成本——的基金家数，数量在统计上不显著有别于零。他们又发现，高技巧经理人所占的比例，从 1989 年的 14.4%下降到 2006 年的 0.6%。三位研究者把这种绩效变异，归因于无技巧经理人大量参与这一行业，并收取高额费用。

根据晨星 (Morningstar) 的资料显示，积极管理型共同基金的平均年度费用比率为 1.41%，而被动型管理基金只有 0.2%。积极管理型基金的投资组合平均周转率为 83%，因此每年的交易成本费用会额外增加 0.7%。另外，税金处理缺乏效率，可能让积极管理型基金的持有者每年平均承担 1%的额外成本。没有考虑可能的负面税金影响，晨星的资料显示，截至 2012 年，经过存活偏差调整之后，超过 80%的大型共同基金，其表现在过去 3 年、5 年、10 年和 15 年都不如其对照基准。

瑞士信贷的报告显示，截至 2013 年的 20 年时间里，标普 500 指数的年度总收益为 9.3%。一般积极管理型共同基金的表现则较前述水准低了 1%～1.5%，主要是因为费用比率和交易成本。至于一般投资人赚取的收益，又因为时机把握不当，还会减少1%～2%。过去20年，积极管理型基金投资人赚取的总收益，比市场收益少了60%～80%。根据先锋集团（目前规模最大的共同基金公司）创办人和前任CEO约翰·伯格的说法："想要挑选收益显著优于市场的基金，等于是寻找青春之泉，是注定失败的尝试，因为过去绩效几乎没有预测价值。"

先锋公司有个互动式的网站，你可以输入积极管理型基金的费用比率，看看你的基金若按照6%成长率将会如何发展，并和费用比率0.25%的指数基金做比较。如果我们输入的是一般积极管理型基金的费用比率1.41%，经过50年后，所累积的获利将不如低成本指数基金的一半。

沃伦·巴菲特曾说过：

> 不论是机构投资人还是个人投资者，如果想投资普通股，最好的办法就是购买费用最低的指数基金。运用这种方式投资股票，（扣除管理费用后）绝对会胜过大多数顶尖专业投资者提供的净结果。

巴菲特就是按照他自己的建议做的。巴菲特的波克夏·海瑟薇股票在他死后将捐给慈善机构。他指示他的遗产管理人，把10%资产投资于短期公债，90%投资于低成本的标普500指数基金。

长久以来，研究者不断重复强调，积极管理型共同基金的绩效，整体而言并不优于被动管理型指数基金。被动型指数基金在1975年时还不存在，现在则占了投资基金市场的30%左右。可是，积极管理型基金持有的资产规模，仍然是被动型基金的两倍。

其他积极管理型投资

相较于共同基金，其他积极管理型投资控制更多的资产。根据“退休基金和投资”（Pensions & Investment）的资料显示，全球最顶尖500位资产经理人在2011年总共管理62兆美元资产，而投资管理公司协会的资料则显示，共同基金管理资产同年为23.8兆美元。至于共同基金之外的积极管理型投资绩效，可以参考布斯、戈雅尔和沃哈尔（Busse，Goyal and Wahal，2011）的研究，这份报告研究了1 448家投资管理公司在1991年到2008年管理的4 617种国内股票机构产品。他们发现，这些经理人的风险调整后收益，在统计上并不显著有别于零。积极管理型的收费，几乎是一般被动型替代投资额外收益的100%。尤金·法玛就批评说：“考虑了风险后，你所看到的积极管理型投资是否能够创造稳定的超额绩效？几乎每位从事这方面研究的经济学家，都会很清楚地告诉你：‘不！’”

不论是通过共同基金还是管理账户，整体而言，承担积极管理型投资的额外费用，并不能有效增加收益。这是很合理的现象，因为所有积极管理型投资的经理人全都掌握相同的资讯，运用着相同的资讯在彼此竞争。由于竞争者的条件彼此类似，所以任何一个积极管理型经理人都很难享有竞争优势。对于每位买方而言，卖方也同样掌握充分资讯，双方都认为自己的决策正确。多年前，本杰明·格拉汉姆曾经对此现象做过传神的评论：“股票市场像是一台庞大的洗衣机，机构法人彼此都持有对方的一大堆衣物。”

➤ 不做基金投资的个人

如果积极管理型投资和积极管理型共同基金的绩效都不能胜过被动型指数基金，那么个人投资者本身的表现又如何呢？波士顿的某分析机构 Dalbar，Inc. 每年都会发布

“投资人行为计量分析”（Quantitative Analysis of Investor Behavior），根据 2014 年的报告显示，一般美国股票投资人过去 20 年来赚取的年化收益为 5.02%，相较于标普 500 的同期表现 9.22%，显然少了 4.2%。至于最近 3 年的多头市场，一般美国股票投资人平均每年赚取 10.87%，相较于标普 500 的对照绩效 16.18%，也落后 5.31%。

过去 20 年，固定收益投资人平均赚取的年化收益只有 0.71%，相较于巴克莱整体债券指数的收益 5.74%，前者少了 5.03%。不论是股票还是固定收益证券，投资人的表现在过去 1 年、3 年、5 年、10 年或 20 年都不如市场。

我们已经知道，投资人绩效不彰，主要是因为情绪受到行情干扰，时效决策把握不当。投资人经常在发生严重亏损之后卖出，等到行情上涨时，他们往往没有做投资。现在，让我们看看其他方面的研究，更深入了解个人投资者的行为。

戈茨曼和库马（Goetzmann and Kumar，2008）运用 1991—1996 年间美国折扣经纪商 60 000 位个人投资者的资料做研究，他们发现这些投资不够分散。投资人经常持有价格波动剧烈而又高度相关的股票。价格波动剧烈使得投资人更难正确把握时效。

运用相同的资料，库马（Kumar，2009）发现投资人喜欢持有表现差的彩票型股票，这些股票的价格低，价格波动剧烈，或具有较高的偏态。作者认为，典型的投资人如果愿意把投资组合的彩票成分取代为非彩票成分，绩效每年可以提升 2.8%。

巴伯和奥戴恩（Barber and Odean，2000）发现，每家单位平均赚取的股票净收益，不论在经济上还是统计上，都显著落后于对照基准。个人投资者所持有的投资组合，每年周转率超过 80%。如同本书第四章所讨论的，投资人因为过度自信或处置效应，使得交易经常过于频繁，他们在不恰当的时候觉得恐惧或贪婪。沃伦·巴菲特建议投资人应该反其道而行："当大家恐惧时，你要贪婪；当大家贪婪时，你要恐惧。"

韦伯等（Weber et al.，2014）采用 1999 年到 2011 年间欧洲网站折扣经纪商的资料，发现 5 000 位欧洲个人投资者赚取的风险调整后收益，呈现少许的负值。如同美国个人投资者一样，欧洲投资者也只持有少数几种股票，而且经常彼此高度相关。欧洲投资人也有彩票心态，喜欢高价格波动、高偏态的低价股。如果能够排除分散不足的缺失，一般投资人的年度回报可以提升 4%；如果能够排除彩票心态，回报可以提升3%。

就资讯和专业技巧来说，个人投资者也处于不利地位。曾经有人问著名的对冲基金经理人迈克尔·斯坦哈特(Michael Steinhardt)，人们能够从他身上学到的最重要的东西是什么？他的回答是“我是他们的竞争对象”。

沃伦·巴菲特说：“投资很单纯，但不容易。”总之，个人投资者经常有以下特性：

- 对于行情波动有过度情绪化的反应。
- 持有高价格波动、彩票类型的股票，投资组合分散不足。
- 过度自信，交易过于频繁。
- 资讯掌握处于劣势。

基于前述倾向，大多数投资人似乎最好采取一套纪律严谨、以法则为基础的方法，譬如本书所推荐的做法。

顺风而行

研究资料显示，动量几乎适用于所有的资产类别。可是，明智挑选资产，将有助于收益最大化。风险溢价可以视为顺风，能更进一步确保或提升我们继续成功的胜算。

美国股票过去 200 年的实际收益为 6.7%，这股强风可以鼓满我们动量模型的船帆。债券的实质收益为 3.8%，这是微风。非美国股票的风险溢价介于前两者之间，可以算是稳定的和风。至于商品、对冲基金、私募基金和积极管理型投资账户则是旋涡和逆风，这些是我们前进的阻力，而不是助力。

人们当今往往过度强调分散投资，反而造成绩效不彰和不必要的费用。比如为了分散投资，而在投资组合中纳入 10%的退休基金，但该基金所需支付的费用，却占总费用的 40%。如果完全不做判别，分散投资反而有害。如同稍后章节将显示的，投资如果想要成功，只需要借由双动量，谨慎挑选低成本的股票/固定收益指数基金即可。正如梅·韦斯特（Mae West）所说的："好东西太多，可能就……不好了。"

第六章

精明贝塔与都市传奇

事物往往不像它们看起来的那样。脱脂牛奶看起来就像奶油。

——吉尔伯特（Gilbert）和沙利文（Sullivan）

我们已经知道双动量主要应用于股票，而较少应用于债券的原因（如果你不知道为什么，请重新阅读第五章）。现在，需要考虑一个问题：除了使用传统的资本加权指数，是否有更好的方法进行股票投资？

精明贝塔（smart beta）的概念泛指凡是不使用传统股票市场加权指数的各种以规则为基础的投资策略。根据罗素投资（Russell Investments）的说法，精明贝塔“包含透明、以规则为基础的策略，它们在设计上是为了提供市场行业、因素和概念的信息”。精明贝塔试图使用某些衡量方式，比如股价震幅、股利与市场风险因子等而产生的替代性加权方法，进行更好的风险与收益的权衡。作为与资本加权不同的较为著名的替代方法，它是研究附属机构（Research Affiliates，从事精明贝塔研究的先行者）在2005年开发的基本面加权指数。该指数根据企业的销售额、盈余、账面价值、现金流量等基本面财务指标因子进行排序。维度基金顾问机构（Dimensional Fund Advisors，DFA）也同时根据基本面作为基础进行加权，构造了类似的核心股票（Core Equity）策略。精明贝塔也包括相等权数基金，以取代资本权数基金。

2007—2008年的全球金融危机，导致金融市场更加重视分散投资与控制风险，但也推动了精明贝塔策略的发展。近来，人们对精明贝塔策略的兴趣与日俱增。根据道富顾问（State Street Advisors）的数据，精明贝塔 ETF

在 2013 年为 460 亿美元，之前三年吸引的资金更是超过 800 亿美元。彭博数据显示，截至 2014 年 2 月，投资于精明贝塔产品的资金高达 1 560 亿美元。

投资于 ETF 的精明贝塔成长最快，在 2013 年的成长率高达 43%。现在，美国股票 ETF 中每 10 个就有 4 个是属于精明贝塔基金（不包括积极管理型、杠杆型和逆向基金）。与 2012 年比，机构投资者在 2013 年投资于精明贝塔策略的资产规模增加 3 倍。2014 年 1 月，科进研究机构（Cogent Research）发表的研究报告表明，现在每 4 家机构投资者就有 1 家使用精明贝塔 ETF。那些尚未使用的机构，有半数计划在未来三年内使用。

对于精明贝塔，最大的问题是，它就如同独角兽，根本没有这种东西存在。贝塔只是投资组合对于整个市场走势变动敏感性的一种衡量，它既不聪明，也不愚蠢，只是使用它的人可能会有这方面的差别而已。所谓精明贝塔，其实就如同精明相关、精明标准差、精明贾斯汀·比伯一样。现在，晨星已把精明贝塔更名为“策略贝塔”（strategic beta）。

➤ 精明贝塔的特征

阿门克、戈尔兹和莱索德（Amenc，Goltz and Le Sourd，2009）以及贝霍尔德（Perold，2007）的研究表明，基本面指数化（精明贝塔的一种形式）实际上是一种偏向价值的积极管理型策略，未必优于资本加权。乔等人（Chow et al.，2011）的研究表明，与资本为基础的指数相比，替代性贝塔策略表现出的任何较好的业绩，都是因为投资于价值型或者小型股。

研究附属机构承认，价值溢价（value premium）确实可以解释大部分的指数业绩。图 6.1 是 PowerShare FTSE RAFI US1000（PRF）ETF（研究附属机构根据最大的 1 000 家企业的基本面排序构建的指数）与 iShares Russell Mid-Cap Value（IWS）ETF 的价格走势图，起始时间为 2005 年末 PRF 成立之时。PRF 和 IWS 的业绩表象一直都非常接近，IWS 稍稍领先。IWS 的年费为 0.25%，PRF 为 0.39%。某些具有因子倾斜（factor tilts）的其他被动型管理 ETF，年费介于 0.07%～0.12%之间。投资于 PRF 的精明贝塔投资者支付额外费用，用以构造某种类似于传统中型股票价值型指数的指数。其他精明贝塔 ETF 也不会输给较低成本的价值型和小型股/中型股 ETF。

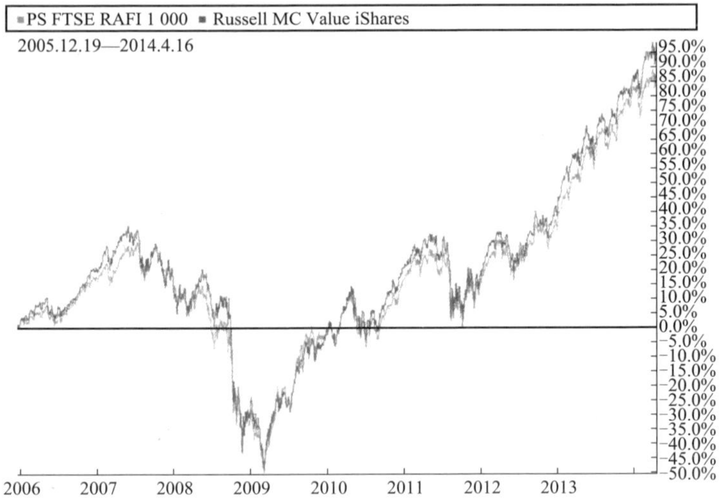

图 6.1　PowerShare FTSE RAFI US1 000 与 iShares Russell Mid-Cap Value

我们现在来看看等加权指数，标普 500 指数的平均资本市值约为 580 亿美元，标普 500 等权重指数的资本市值平均只有 160 亿美元。标普 500 的成分股当中，规模相对较小的企业数量多于较大规模的企业。图 6.2 显示 Guggenheim 标普 500 Equal Weight（RSP）ETF 与 iShare Russell 2 000（IWM）small-cap ETF 的比较，走势图时间起点开始于 RSP1999 年成立之时。IWM 的业绩表现优于

RSP，可能主要是因为 IWM 的年费率为 0.20%，而 RSP 的年费率为 0.40%，还有，IWM 投资组合的年度周转率为 19%，RSP 为 37%。

图 6.2　Guggenheim 标普 500 Equal Weight 与 iShare Russell 2 000

图 6.3 是根据以下指数的收益与风险绘制的资本市场线（capital market line），这些指数包括：标普 500 指数、标普 500 等权重指数，以及证券价格研究中心（Center for Research in Security Price，CRSP）的美国股票分割十分单位。CRSP1-2 为大型股，CRSP3-5 为中型股，CRSP6-10 为小型股。图 6.3 的横轴代表年化收益，纵轴代表年度

标准差。我们发现，标普 500 等权重指数在风险-报酬方面的表现，介于中型股与小型股之间，该指数提供的年化收益对应着该风险水平。投资人不用支付溢价购买标普 500 等权重指数，可以买进小型股和中型股指数基金。

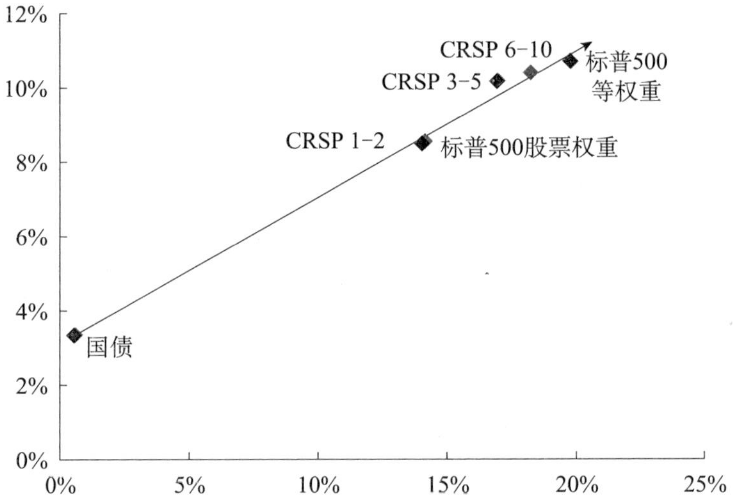

图 6.3　标普 500 指数与 CRSP 十分位回报 Vs. 价格波动率（1990—2012）

另外，等权重投资组合的权重会持续偏离目标，这就需要频繁地重新调整，进而带来较高的交易成本。重新调整也就导致卖出最近的赢家而买进最新的输家，这显然违背动量效应。

回到 1970 年代初期，最早采用被动型投资的一些投资者，他们选择等权重投资组合，但后来又放弃，这是因为周转率高、价格波动率大，而且还要投资大量流动性差的股票。

低价格波动率/最小方差投资组合也遭遇周转率过高的问题。许、凯勒申克和李（Hsu，Kaleshik and Li，2012）使用1967—2000年的数据，尽可能利用传统型产品复制精明贝塔策略。以下是它们的投资组合的年度周转率：标普500指数化6.7%，基本面指数化14%，等权重指数化22.9%，最小方差指数化49.2%。低价格波动率/最小方差投资组合也可能有偏高的追踪误差，该追踪误差衡量策略收益与对照基准收益的差异。低价格波动率与低贝塔策略在学术检验上表现不错，但同样有投资组合周转率与追踪误差的问题，该问题可能抵消了其所具有的优势。

对于低价格波动率策略来说，行业过度集中可能是另外一个问题。标普500低价格波动率指数（S&P 500 Low Volatility Index）投资于标普500成分股内最近12个月价格波动率最低的100只股票。这个指数不受行业权重的限制，因此可能出现行业过度集中的问题，从而产生严重的追踪误差。举例来讲，从目前情况来看，标普500低价格波动率指数有62%集中于三个行业的股票，有76%集中于四个行业的股票。有时候，指数中甚至有三分之二只集中于两个行业的股票。图 6.4 显示了 PowerShare 标普 500 低价格波动率（SPLV）和 SPDR 消费者必需品行业股票（XLP）的比较，前者是根据标普低价格波动率指数构造，后者是单一防御性低价格波动率股票。

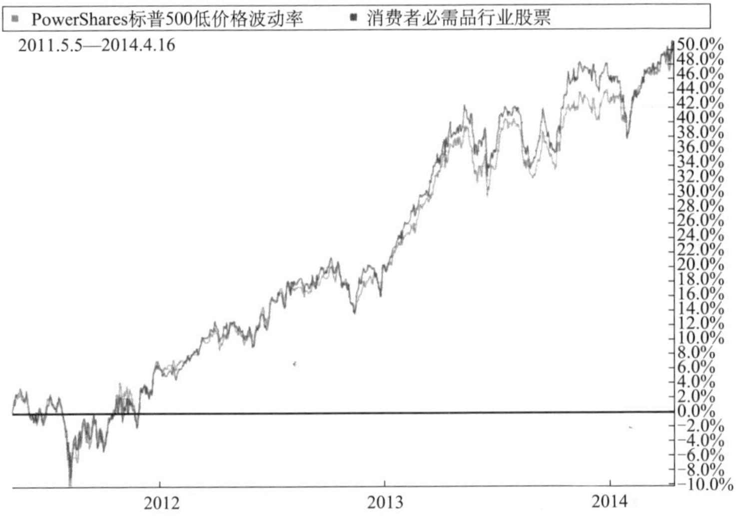

图 6.4　PowerShare 标普 500 低价格波动率 Vs. SPDR 消费者必需品行业股票

➤ 如何复制精明贝塔?

本节将说明一种用低成本、以因素为基础的 ETF 复制精明贝塔 ETF 的方法。请访问晨星网站的首页，在报价对话框（Quote box）输入你选的精明贝塔 ETF 的报价代码，然后点击 Quote，在下拉菜单顶部标示 Quote 的菜单上，点击投资组合标签（portfolio tab）。此时，你会看到该 ETF 较为合适的对照基准的投资组合。然后，你可以上网寻找代表该对照基准投资组合的适当的 ETF。为了方便比照，你也可以点击晨星的管理费与费用（Fees & Expense）标签，寻找投资组合周转率与年费比率。

这里用 PDP 投资组合（PowerShares DWA Momentum Portfolio）作为一个例子来说明。PDP 是由 DWA（Dorsey，Wright and Associates）管理的动量投资组合。该资金把相对强度动量使用在个别股票上。从晨星网站来看，该投资组合的恰当对照基准应该是罗素中型股成长指数（Russell Midcap Growth Index）。

图 6.5 比较了 PowerShares DWA Momentum Portfolio（PDP）与 iShares Russell Mid-Cap Growth（IWP）的走势。IWP 的年费率为 0.25%，比较低；PDP 的年费率为 0.67%。IWP 投资组合的年度周转率为 25%，PDP 的为 66%。

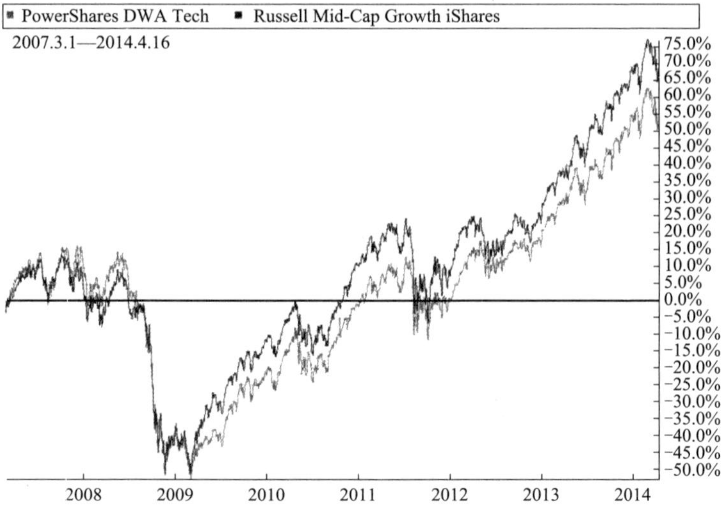

图 6.5 PowerShares DWA Momentum Portfolio 与 iShares Russell Mid-Cap Growth

➤ 巧用精明贝塔策略

威廉·夏普（William Sharpe）和尤金·法玛认为精明贝塔（或基本面指数化）是一种销售策略。先锋集团前首席投资官乔治·索特（George Sauter）说，“这些所谓的精明贝塔，并没有根据定义而增加 α，它们仅仅是以更昂贵的成本揭示了风险因素。”

如果能够用较低的成本复制精明贝塔策略，我们是否还有理由使用它？答案不容置疑……也许还是有的。也许有一些策略，如股息增值、内线人气、拆分、回购和高价值等，提供的不仅仅是因素偏好（factor tilt）和行业集中的效果。虽然精明贝塔策略比被动型策略更贵，但是相对于积极管理型策略又比较便宜，因为它较少涉及天天进行的例行决策。精明贝塔投资策略值得考虑的另一个原因，是因为被动管理策略、资本加权指数不具备完全效率。这些指数未必最优，因为存在价格杂音（存在不可预测、不可重复性），也未必能对全部信息做出反应。

可是，当我们反观精明贝塔策略时，必须时刻警醒自己，这一策略下的许多做法大概只有 15 年的历史，而且很多东西尚未得到证实。使用“穿越时空机器”（Wayback Machine）的投资人，可以回到过去做投资，或许会发现这些策略很有用。可是，对我们其他人，当然希望看到更多的数据。只根据 15 年的数据对未来做出推测，结果可能非常危险。

根据过去的数据构造全新的、精明的贝塔指数，可能是徒劳无功的。先锋集团的迪克森、帕德马沃和哈默（Dickson，Padmawar and Hammer，2012）提出一份研究报告，名为《鲁莽跟风：ETF 与指数发展》（Joined at the Hip：ETF and Index Development）。该报告表明，一般新指数基金在发行前的5年内，年度表现比美国股票市场好10.3%，但在发行的5年，则落后1.0%。作者认为，“指数一旦实际推出，一般来说，原来进行的历史测试成绩并没有实际出现……这可能是因为新产品是根据过去的优异历史成绩而选择的对照基准指数。”

构造一个双动量投资组合时，我们使用以下准则来判断非传统的精明贝塔投资策略是否值得考虑，是否应该用它来取代资本加权指数，而不只是一种高成本的、以因素为基础的封闭性基金：

（1）采用的方法是否符合逻辑？投资策略的理念是否经过验证？该策略继续提供优于市场风险调整后收益的可能性有多高？

（2）该方法是否禁得起严格的历史测试？进行跨市场、跨期间的检验，其绩效是否足够稳健？

（3）随着交易活动的不断增加，异常现象创造的活力会随着时间而降低。这种情况下，该方法的交易成本与基金管理费率是否足够低至维持投资依然获利？

（4）该投资策略的价格波动程度是否保持在一个合理范围之内？市场或许不会补偿高价格波动率。高价格波动率也可能导致更大的追踪误差。

(5) 该策略选用的各种投资工具在市场里是否有足够的流动性?

一旦找到合适的投资策略，仍然要做例行评估。现在合适的策略，一两年之后未必仍然合适。对于大多数投资者来讲，他们宁可采用传统的资本加权指数，而不愿意处理这些复杂的、不确定的问题。研究附属机构的韦斯特和拉尔森（West and Larson，2014）对此表示认同，他们认为精明贝塔策略能比市场指数多获得大约2%的超额收益，且该超额收益不是来自加权的方法，而主要来自投资组合的重新调整。布思和法玛（Booth and Fama，1992）的研究表明，调整组合的年度平均获利超过对照投资组合达2%。因此，精明贝塔策略投资者可以通过对股票/债券或者行业股票投资组合的重新调整获得相同的超额收益。

➤ 规模真的会有影响吗?

鉴于许多精明贝塔策略投资者总想获得规模和/或价值溢价（size and/or value premia），我们也许有必要来看看规模与价值溢价到底是否存在、是否显著。很多研究报告表明，至少从1980年代以来，小型股的规模溢价基本上已经不存在了。沙姆韦和瓦尔泰（Shumway and Warther，1997）认为，小型股的异象之所以存在，主要是因为研究者遗漏退市股票（大部分是小型股）数据的错误处理方法所致。规模效应如果仍然存在的话，主要是那些显著缺乏市场流动性、交易困难的微型股所致。这表明小型股的规模溢价实质上只是补偿流动性风险。

与以往相比，小型股目前的市场流动性已经得到显著提升，这主要缘于很多基金纷纷进入小型股领域。1981 年，维度基金顾问机构（Dimensional Fund Advisors，DFA）成立了第一支小型股基金。DFA 成立这支基金，是因为罗尔夫·本茨（Rolf Banz）用他芝加哥大学的博士论文发表的一篇文章。该文章发现，1936—1975 年间，小型股存在显著的规模溢价。DFA 为了抓住这一异象先机，快速推出了数支小型股基金。之后，很多小型股基金纷纷跟着成立。

自 1980 年代初期以来，小型股的规模溢价逐渐不再具有统计上的显著性，这主要是因为越来越多的投资者参与购买小型股。例如，从 1978 年 12 月到 2013 年，罗素 2 000指数的年化收益率 12.1%几乎与大型股罗素 1 000 和标普 500 的年化收益率 12%相等。在欧洲和亚洲，从 1990 年 7 月到 2013 年，小型股的回报反而不如大型股。

小型股的绩效表现相当不稳定，经常在长达 10 年的时间里不如大型股，比如在 1950 年代和 1980 年代。伊斯雷尔和莫斯科维茨（Israel and Moskowitz，2013）完成了一项近来最为完整的有关规模溢价的研究。该研究使用 1926 年 7 月—2011 年 12 月长达 86 年的美国股票数据，发现没有证据表明存在小型股的规模溢价效应，不管是把 86 年作为一个完整的研究期来看，还是分割为 4 个 20 年的子期间来看。小型股已经不再具有风险调整后的获利，除非是流动性较差的微型股。由于微型股的交易成本较高，且流动性较差，大多数投资者不会对其进行投资，尤其是机构投资者。对于大型股的投资组合，小型股或许会提供一些分散投资的功能，但同时显著增加了价格的波动幅度，而且没有显著的异常回报。

➤ 价值真的会有影响吗?

1992 年，法玛和法兰西发表了论文《股票期望收益的横截面分析》（The Cross-Section of Expected Stock Return）之后，投资者就认为存在所谓的价值溢价，也就是说价值型投资存在优势。目前，有数以百计或千计的投资，专门从事价值型股票投资。

伊斯雷尔和莫斯科维茨（Israel and Moskowitz，2013）撰文全面论述了价值溢价和规模溢价问题。他们的价值溢价结论基于市净率或者类似的简单指标。如果采用其他较为复杂的价值导向指标，比如格雷和卡莱尔（Gray and Carlisle，2013）的做法，可能会产生不同的结果。

使用最常用的价值指标市净率，伊斯雷尔和莫斯科维茨发现，价值溢价在2个最大五分位的股票上都不存在统计上的显著性。这些股票足以代表纽约交易所规模最大的40%的股票，也足以涵盖机构投资者的股票投资组合。

价值溢价效应仅仅在规模最小的股票上存在统计上的显著性。两个最小五分位涵盖的股票比罗素2 000指数的成分股规模更小。1927—2011年间，四个子期间中有三个没有显示出大型股票具备可靠的价值溢价。只有在1970—1989年期间，企业规模最大的两个五分位的股票才具有价值溢价的统计显著性。

法玛和法兰西在1992年和1993年发表了针对1963—1991年的数据的研究，该研究引发了价值型投资热潮，推动了许多价值型基金和投资组合的成立。他们的研究涵盖的28年相当特殊，价值型股票投资获利非常丰厚。动量效应普遍适用于所有股票，其涵盖的期间可以一直追溯至1801年！双重动量投资者对此应该感到欣慰。

就在法玛和法兰西的论文发表后不久，科塔里、尚肯和斯隆（Kothari，Shanken and Sloan，1995）也做了这方面的研究。研究表明，法玛和法兰西的研究结论可能存在样本选取偏误。如果采用不同的样本数据，科塔里等发现，市净率与平均收益之间并不存在显著的正相关关系。由于结论明显不同于学术地位显赫的法玛和法兰西，他们的研究一直没有受到重视。

约翰·梅纳德·凯恩斯曾经说过，“当事实发生变化，我的想法也会发生变化。你们会怎么做?”遗憾的是，我们大多数人都会固守偏差、锚定偏差，而不会改变。就如同有效市场假说的失宠，学术界或者专业投资界可能要花费很长的时间，才能完成对价值溢价效应的重新认识。法玛和法兰西（Fama and French，2014）新近发表了论文《五因素资产定价模型》（A Five Factor Asset Pricing Model)，更新了他们早先的研究。他们把获利能力（获利除以账面价值）和投资强度（总资产年增长率）作为风险因子，用以替代先前的价值指标。

价值可能是、也可能不是异常回报稳定的驱动因素，但动量则毫无疑问是所有市场的异象。还有，精明贝塔策略的使用者在选择投资策略时，不该仅局限于考虑小型股规模与价值偏误。

➤ 动量真的会有效吗？

伊斯雷尔和莫斯科维茨（Israel and Moskowitz，2013）使用过去 12 个月（不含最近一个月）的数据进行股票动量横截面分析。他们发现，在所有规模组内，动量溢价都存在而且较为稳定。在每个 20 年的子样本期间，动量效应都为正数，而且具有统计上的显著性。在最近 20 年内，动量效应没有减弱的迹象。在四个子样本期间，可靠的 α 值每年介于 8.9%～10.3%之间（不考虑交易成本）。

根据伊斯雷尔和莫斯科维茨的研究，整个 86 年间，只做多动量所取得的累计超额收益年均 13.6%，标准差 21.8，夏普率 0.62。价值的超额收益年均为 12.4%，标准差 26.5，夏普率 0.47。小型股的规模超额收益年均为 11.5%，标准差 26.3，夏普率 0.44。如同法玛和法兰西的见解，动量可能不是唯一的主要异象，但是，动量可能是唯一真正持续存在的异象。

第七章

风险衡量与管理

比离婚更糟糕的是：财富损失过半，但妻子仍在！

——佚名

截至 2013 年的 30 年间，标普 500 的年均收益率为 11.1%，而股票共同基金的年均收益率仅为 3.69%。收益差异中的 1.4%是由共同基金的费用造成的，剩余 6%是由投资者决策时点不佳造成的。显然，6%在收益差异中占比很大。债券投资者也有类似的决策时点把握不佳的问题。被动管理指数型基金的投资人也同样受类似行为造成的绩效差异的困扰。先锋标普 500 指数基金（Vanguard S&P 500 Index Fund）15 年期的年均收益率为 4.58%，但该基金的一般投资人年均收益率仅为 2.68%。

投资人具有在高点买入、低点卖出的强烈倾向。这种行为倾向，就是凯恩斯所谓的“动物精神”（animal spirits）。也有人称之为恐惧与贪婪的市场情绪。市场价格波动越剧烈，情绪效应就越明显。

CGM Focus（CGMFX）是 2000—2010 年间收益率最高的股票基金。根据晨星资料的数据，该基金的平均年收益率为 18.2%，超越紧随其后的竞争对手 3.4%。同一时期，该基金的一般持有人却损失 10%。受恐惧与贪婪情绪的控制，投资者在基金接近高点时加仓，接近低点时赎回。2007 年，该基金成长超过 80%，投资者加仓购买达 26 亿美元。到 2008 年，该基金下跌 48%，投资者则赎回了 7.5 亿多美元。这个例子能够清楚地表明投资人的行为偏差。记住波戈（Pogo）曾经说过的话：“我们遇到的敌人，就是我们自己。”我们需要一种不受价格波动率影响的方法，以免引起我们的情绪反应，在不恰当的时候出售我们的投资。

丹尼尔·卡内曼（Daniel Kahneman，2011）指出，“许多个人投资者持续进行交易，总是发生损失。即使投掷飞镖的猴子也无法取得这样的业绩。”一套规则明确、量化投资的方法可以减低“动物精神”的影响，有助于创造稳定的业绩。

通过本书的第二章，我们对相对强度动量已经有了较深的理解。我们看到，相对强度动量如何提供给投资人一套规则严谨的可用架构。可是，大的市场亏损仍然可能造成投资人过度反应，进而做出愚蠢决策。这是运用相对强度动量可能会遇到的问题，因为相对强度动量无助于降低下行风险（downside exposure）。相对动量甚至可能增加下档价格波动（downside volatility）。绝对动量有助于克服这方面的障碍，所以在我们继续前进之前，深入了解绝对动量非常重要。

理解绝对动量

相对动量是比较某项资产与同类资产的表现，以此来预测未来的绩效。从学术研究角度来看，相对动量经常被认为与剖面动量（cross-sectional momentum）相同，剖面动量将个别资产的整体划分为若干相等部分，然后比较业绩最好的部分（赢家）和业绩最差的部分（输家）。以市场中性为基础，通常以不断买进“赢家”、卖掉“输家”的方法进行剖面动量的测试。

然而，动量也能够在绝对或者纵向基础上得到有效应用，也就是以资产本身过去的表现来预测其未来。莫斯科维茨、乌伊和佩德森（Moskowitz，Ooi and Pedersen，2012）决定将此称为时间序列动量（time-series momentum）。就统计来说，纵向分析通常与剖面数据分析相对，因此应该不太适合称为时间序列动量，因为时间序列（价格）是所有动量的基础，而不只是某种特定的动量。

我更喜欢将此处所指的动量称为绝对动量（absolute momentum），因为实务界已经听惯了相对收益与绝对收益的说法。相对收益是针对其他资产或对照基准而言的；绝对收益是相对于资产本身而言的。相对与绝对动量，也是遵循同样的逻辑。

以绝对动量来说，我们是观察某项资产在特定回溯期间的超额收益（该资产的收益减去国债收益）。如果超额收益大于零，则该资产具有正的绝对动量。如果超额收益小于零，则该资产具有负的绝对动量。绝对动量大体上等同于相对动量运用于该资产与国债之间的比较。简言之，绝对动量考虑的是某项资产在回溯期间是上涨还是下跌。如果该资产上涨，则绝对动量为正；如果该资产下跌，则绝对动量为负。绝对动量赌的是资产收益在时间序列上的持续相关。或者，用俗语来讲，绝对动量就是“顺着马儿奔跑的方向骑马才会更容易”。

如果某项资产与其类似资产相比相对较强，则存在正的相对动量；如果它本身的趋势向下，则绝对动量为负。这是很有可能的；反之，如果资产本身的趋势向上，则绝对动量为正；如果对照资产的价格涨得更快，则相对动量为负。

➤ 绝对动量的特征

根据著名顺势交易手艾德·塞柯塔的说法：

> 生命本身就是顺势发展。冬季来临，候鸟就会持续南飞。企业也会顺势而为，并随之调整产品。微生物也会跟着化学物质和光线随势而动。

绝对动量是典型的趋势策略。趋势策略的目标，就是要坚持沃伦·巴菲特的第一投资法则——不能发生损失。他的第二法则是，绝对不要忘记第一法则。曾经有些著名的随心所欲型的动量投资者，比如蔡志勇（Gerald Tsai），当他们无法判断市场趋势发生变化时，很快就从英雄变成了狗熊。处在今天高价格波动的投资环境下，那些积极从事投资的人，应该采取某种形式的保护措施，永远进行安全投资。

总的来讲，趋势操作方法很晚才得到学术圈的认同和接受。对于很多人（但不是全部）来说，这种方法已经不再是“金融巫术”（voodoo finance）。许多研究者已经发现，使用趋势操作法和技术分析来预测未来收益，已有证据证明具有适度的预测能力并获利。伦普里尔等人（Lemperiere et al.，2014）最近发表的一篇文章《两个世纪的趋势投资》（Two Centuries of Trend Following）发现，使用指数化的加权移动平均策略投资于 7 个国家的 4 类资产（股指、商品、外汇与债券）可以获得极其显著的异常超额收益。该异常超额收益非常稳定，可以将其跨时期、跨资产操作，一直追溯至 1800 年代的股指与商品。

在某种意义上，所有的动量策略都属于趋势操作。相对强度动量是看某资产相对于另一资产的趋势，而绝对动量是看某资产相对于自身过去的趋势。这两种形式的动量在本质上是相同的，即识别价格趋势及其维持的可能性。

在过去的20年里，尽管研究者对相对动量进行了详细的分析研究，但他们却一直忽略了大部分的绝对动量趋势操作，直到最近情况才稍有改观。这很不幸，因为绝对动量经常能够提供更好的结果，也比相对动量更灵活。你可以将绝对动量应用于任何一种资产，而相对强度动量只能应用于两种或者以上的资产。使用相对动量，你总要不断地从投资组合中剔除某一资产，以便入选最强的资产。绝对动量让你一直持有资产，只要资产保持正的绝对动量。因此，绝对动量比相对动量更易分散投资，也可以降低投资组合的短期价格波动性。可是，与相对动量相比，绝对动量的最大优点是，它能使投资者在熊市来临的早期减仓，以降低投资的下行风险。绝对动量促使投资者遵循投资大佬保罗·都铎·琼斯的座右铭：“交易的最重要法则在于防御而不是攻击。”

2010年，我开始探究绝对动量，比较风险资产收益与短期、中期债券收益。当股票呈现下降趋势时，短期债券的表现通常好于股票。在这种时候，选择债券，而不是股票，也是应用绝对动量的方式之一。

莫斯科维茨等（Moskowitz et al.，2012）的研究有力推动了绝对动量的发展。根据他们的研究，绝对动量的获利“在不同类别资产与市场显著稳定地存在”。他们还发现，假如持有期为一个月，在1～48个月的期间内，12个月的回溯期间的统计显著性最高。在他们检验的58种资产中，每一种的绝对动量都为正。横跨所有市场，绝对动量的年度夏普率都大于1，大约是这些市场内没有运用绝对动量时夏普率的2.5倍。每种类别资产或者标准资产的定价因素的被动对照基准之间，几乎都不相关。当股票市场存在极端情况时，绝对动量可以作为规避极端事件风险的工具，获取最大的收益。这也意味着，绝对动量可以作为低成本的避险工具，来替代昂贵的避险投资计划，以减少投资组合的下折风险。

根据赫斯特、乌伊和佩德森（Hurst，Ooi and Pedersen，2012）的研究，绝对动量具有和相对动量一样的稳健性和普适性。他们的研究表明，绝对动量在极端市场环境下表现优异，即使横跨59个市场、覆盖4类资产（商品、股指、债券和外汇）亦然。他们还发现，绝对动量自1903年以来可以一直稳定获利。在模拟考虑交易成本和对冲基金管理费（资产规模的2%外加利润的20%）之后，绝对动量的夏普率为1，这一结果和莫斯科维茨等人（Moskowitz et al.，2012）的研究几乎相同。在1903—2011年的整个期间内，绝对动量与标普500、美国10年期国债之间的月份相关性仅为－0.05。

2012年，我赢得瓦格纳奖（Wagner Awards）的第一名，该奖是由全国积极管理型投资经理人协会（NAAIM）颁发的积极投资管理突出贡献奖。我提交的论文是《利用双动量获取风险溢价》（Risk Premia Harvesting Through Dual Momentum）。在该篇论文中，我论证了绝对动量能够获得比相对动量更好的长期预期回报。绝对动量不仅能够获得较高的长期预期回报，而且，与相对动量不同，它还可以在熊市中显著降低下折风险。

在2013年，我写了一篇文章《绝对动量：普遍适用的趋势操作策略》（Absolute Momentum：A Universal Trend-Following Overlay）。这篇文章论证了绝对动量作为趋势辅助策略的用处，而且也可以作为独立的策略使用，适用于各种不同的市场状况。我研究了回溯期间的问题，并确认绝对动量应用于12个月回溯期间的价值。我还论证了如何应用绝对动量来改善风险平价投资组合，这主要是通过降低组合中债券与资金杠杆的风险。这篇文章在本书作为附录 B 刊出。

低价格波动的投资组合最近颇受欢迎，主要是因为其过去的回报高于大盘指数。这些投资组合之所以取得相对较高的回报，主要是因为行情下行时它们的价格波动更小。绝对动量能够提供更有效的下折风险保护，并且兼具上涨获利的潜能。绝对动量还可以避免发生追踪误差、选股过度集中、高周转率等。这些不利现象都会发生于低价格波动的投资组合，正如第六章所言。

➤ 双动量——两全其美

虽然绝对动量能够取得比相对动量更好的风险调整后回报，但大多数投资者仅使用相对动量。绝对动量还不广为人知，也尚未引起足够重视。

最好的方法，就是同时采用绝对动量和相对动量，兼得两者的优势。如何做到？我们首先利用相对动量选取过去 12 个月表现较好的资产。然后，运用绝对动量作为趋势操作的辅助策略，评估我们选出的资产在过去一年内是否存在正数或负数的超额回报。如果相关资产在过去一年内存在正数的超额回报，我们就选定该资产。反之，如果该项资产在过去一年内存在的超额回报为负数，这表明其趋势向下，我们就投资于中短期固定收益债券，直到该资产的趋势反转向上。利用这种方式，我们永远可以借势市场趋势。加油，市场！

➤ α与夏普率

在进行实际模型开发之前，我们需要了解一些计量工具，以帮助我们评价投资策略，做出有根据的决策。学术界经常使用因素定价模型的α值来评价交易策略相对于对照基准的效率。该方法的优点是，你可以使用最适合于测试模型的风险因素，用统计显著性的标准检验来评估其结果。该方法的最大缺陷是对下折风险的忽视，也就是所谓的回撤。就统计显著性测定而言，α或许有用，但我们还需要使用其他方法来评估策略的风险。

衡量价格波动风险的常见指标是夏普率。夏普率和t统计量关系密切，t值用来衡量不同收益的统计显著性。资产的平均超额收益（扣除无风险利率后的收益）除以该收益的标准差即可算出夏普率。该指标能够衡量投资策略的效率，表明你所承担的每一单位的风险所获得的收益。夏普率越高，代表风险调整后回报越好。夏普率为 1 或者更大，代表回报很好。举例来说，伊尔曼恩（Ilmanen，2011）报告，使用趋势投资策略投资于某一项资产的典型夏普率为 0～0.5，如果看资产投资组合，其夏普率上升到 0.5～1.0。

然而，夏普率的统计性质方面有些潜在的问题。举例来说，如果不对夏普率的序列相关进行调整，而是根据夏普率进行投资排序，就会造成误导。还有，研究者经常比较夏普率的差值，因为方差误差具有可加的性质，但其精确性却不如计算收益差值的夏普率。还有，夏普率不区分向上和向下的价格波动。无论是上行风险还是下行风险，夏普率都给予同等程度的惩罚。一些研究者将索提诺比率（Sortino ratio）作为夏普率的补充指标，该补充指标仅考虑平均数以下的价格波动。可是，索提诺比率忽视了有关上行价格波动与分布右端尾部的所有信息，这些信息对识别获利潜能有益。对我们的投资来说，我宁可采用经过偏态调整的夏普率，这不仅方便计算，还可以提供额外的信息。可是，就目前的需要来说，我们仍然采用标准的夏普率，因为大多数人比较熟悉。

尾部风险与最大回撤

对于正态分布来说，上行与下折的价格波动大约相同，但是金融市场的回报通常并不呈现正态分布。如果收益分布呈现偏态或者非对称状态，上行与下折价格波动之间的差异会造成比较严重的问题。股票市场收益经常呈现负偏态，不对称的左侧尾部朝负值方向延伸。这会导致尾部风险，引起预期之外的大额损失，进而动物精神使情况进一步恶化。正偏态则比较受欢迎，因为大家都喜欢获得惊喜。

学术研究经常忽略尾部风险。然而，从实操的角度来看，左侧尾部风险，也就是负偏态，大家都不喜欢。它可能会引起大额损失、市场情绪低落，甚至资金流出市场。我们需要某种反映最大不利后果的指标，避免左侧尾部风险过高的投资策略。

条件风险值（conditional value-at-risk，CVaR）就是这样的一个指标，也称为期望损失（expected shortfall）。CVaR 是用收益的实际分布，在损失发生时，来决定投资组合的期望损失。CVaR 计算困难，其结果也不易理解。

我发现 CVaR 很难理解，所以宁愿采用图形化指标，如盒形图（box plot）。盒形图就是一个数据比较图形，包括收益的中位数、上下四分位数以及期望极端值。

反映尾部风险的另一个简单指标是最大回撤（maximum drawdown），该指标直白易懂，也方便计算。最大回撤就是价格从某个新的高度下降的幅度，用百分比表示。既然我们常用月度回报，所以最大回撤就是指月度回报从峰值到谷值之间累计的折返百分比。

如同大多数事物，使用最大回撤指标也存在潜在的损失。首先，最大回撤取决于绩效记录的时间长度。假定其他条件不变，绩效记录期间越长，最大回撤也就越大。因此，最大回撤最好用来比较绩效期间长度相等且历史数据丰富的策略。其次，最大回撤仅仅是代表某一个的最大数值。回撤出现的次数、非最大的价格回撤，对我们来讲都很重要。为了更好地了解回撤，我将从不同角度、不同时间和不同市场状况来剖析回撤的深度、频次和持续时长。

➤ 一种整合性方法

现在，我们准备用量化指标和图形指标，如比较收益、标准差、获利稳定性、α、夏普率、盒形图、最大回撤等，来评价我们的策略在不同情形下的表现。

我们已经讨论了动量的历史及其发展，逻辑依据，以及投资组合资产的选择。现在，我们已经具备了必要的基础知识、投资策略评价工具，下一步可以考虑模型开发。在下一章，我们将综合应用这些知识，看看双动量策略如何为我们工作。

第八章

全球股票动量

人间大小事，有其潮汐，把握涨潮，则万事无阻。

——莎士比亚

我们已经知道动量的发展过程，什么是相对动量、绝对动量和双动量，也知道哪些资产最适合运用于以动量为基础的模型。我们也已有评价结果所需要的工具和标准。现在，我们已经准备好，通过构建综合模型，将动量概念转化为现实经验。

根据过去的成功经验和股票投资的高风险溢价，我们决定将投资组合锚定在美国股票上，然后根据相对动量与非美国股票进行转换。使用绝对动量进行判断，当且仅当美国与非美国股票都不处于上升趋势时，我们才会持有债券（中、短期债券）。尽管这一策略允许债券在股票熊市时进入投资组合，并贡献收益，但也应该降低债券配置对我们投资策略长期表现的拖累。

动态资产配置

我们的双动量方法同时使用绝对动量和相对动量来进行资产配置，这与投资者原来使用的投资策略完全不同。一般来说，投资人会进行永久性分散配置，譬如债券，因为他们没有办法在股市进入熊市的初期及时退出股市。

随着世界市场一体化程度的提高，各国市场的相关度也越来越强，使得永久性的资产配置不再像以前那般有意义。当遭遇市场压力时，资产之间的相关性使得永久性分散配置未必能够提供投资人期望的那样降低风险。例如，当美国与非美国股票市场提供的收益高于均值一个标准差时，也就是处于典型的股票牛市，两者的月度相关度为－0.17。但是，当美国与非美国股票市场提供的收益低于均值一个标准差时，也就是处于典型的股票熊市，两者的月度相关度为0.76。双动量可以带领我们从一个单纯的分散投资方式转向一个动态的、适应性调整的投资方式。该方式让我们更能够掌握市场变动的脉搏，减少承受市场高度相关的风险。

➤ 回溯期间

动量回溯期间（look-back period）就是动量逐渐积累需要的时间长度，也是我们利用动量挑选投资组合的依据。之前我们已经谈到，对于大多数市场，最佳的动量回溯期间在6～12个月之间。

大多数研究相对动量与绝对动量的论文认为，以12个月作为回溯期间能够取得最好的业绩。许多商业动量方面的应用，也采用12个月作为回溯期间。我们也同样采用12个月作为回溯期间，用之于两种类型的动量。其他的回溯期间也能取得满意的效果。然而，回溯期间若在6～12个月的有效期间内取最大月份，可以减少投资组合的周转率和交易成本。

如果是针对个别股票，回溯期间需要跳过最近的一周或者一个月，为了处理短期反转的中期动量效应，或者单月与单周收益的反向效应（contrarian effect）。据说，这与流动性和微观结构问题有关。我们的动量模型使用大盘股票指数，受噪音影响的程度远不及个股，并且交易成本也相对较低。股票指数也较少受到流动性和微观结构问题的影响，所以，我们的回溯期间不需要跳过一个月。

绝对动量的应用

我们首先来看绝对动量应用于标普 500 指数的情况。这意味着，如果标普 500 指数在过去 12 个月内显示为正的超额回报（收益减去国债利率），我们就继续对其投资。相反，如果过去 12 个月内，标普 500 指数的超额回报为负，我们就撤出对标普 500 指数的投资，改投巴克莱美国整体债券指数（Barclays U. S. Aggregate Bond Index）。我们将一直持有该债券投资，直到标普 500 指数超额回报恢复正值为止。巴克莱美国整体债券指数相当稳定，是由平均到期日不足5年的高品质投资等级（78%属于AAA级）债券所组成。自从1976年成立以来，在每一次股票熊市期间，其收益表现都很好。所以，股市表现疲软时，这是一个相对安全的投资的避风港。我们的有效做法就是，如果股票市场过去一年的趋势向上，就持有股票；如果股票市场过去一年的趋势向下，我们就结束股票投资，转向持有短期债券。这种方法，简便易行。

表8.1与图8.1说明了绝对动量应用于标普500指数与没有应用于标普500指数的情况。

表8.1　　　　标普500指数绝对动量（1974—2013）

	年度回报率	年度标准差	年度夏普率	最大回撤	月份获利（%）
标普500指数	12.34	15.59	0.42	−50.95	62
整体债券	7.99	5.58	0.46	−12.74	69
标普500指数+整体债券*	11.01	11.45	0.47	−37.62	64
标普500指数绝对动量	14.38	12.23	0.69	−29.58	66

* 70%标普500与30%整体债券。

由于根据绝对动量，我们70%的时间在投资标普500股票指数，30%的时间在投资整体债券，所以，我们在表8.1中也列示了积极投资策略作为参照，即70%标普500与30%整体债券的投资组合。

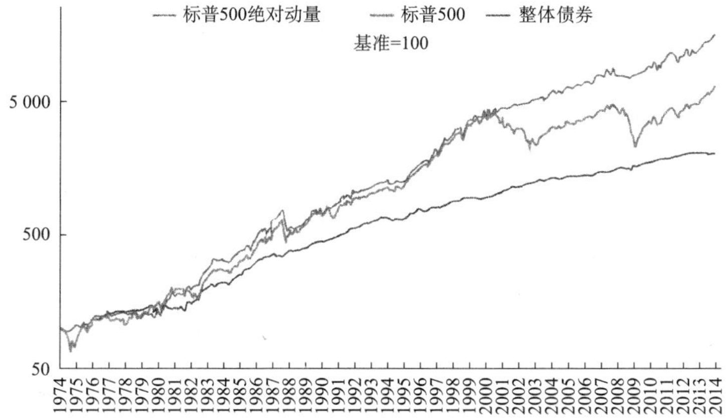

图 8.1　标普 500 指数绝对动量（1974—2013）

单纯使用 12 个月的绝对动量就能产生令人满意的结果。与投资标普 500 指数相比，其平均年度回报增加了 200 多个基点，同时年度标准差还下降了 3%以上。最大回撤从 50%以上降到不足 30%。图 8.1 利用图形显示了绝对动量如何缓和了严重熊市所造成的回撤。这是一个你应该仔细研究的图形，直到完全领会其深意。

作为一种长期趋势投资方法，绝对动量不会对短期市场修正做出反应，比如 1987 年的那次股灾。这也许是一件好事，类似这种严重股灾会造成暴跌修正，进而造成股票超卖，紧接着行情又会反弹。长期市场顶部的形成，通常需要花费一段时间，让市场从情绪积累状态慢慢过渡到耗散状态。市场技术派寻找市场类似双重顶或者头肩顶的状态来识别市场的转换。

正如你从图 8.1 中看到的，绝对动量本质上是一种趋势投资策略，在 1981 年、1989 年、2000 年和 2007 年都没有恰好在市场的顶部离场。然而在离场之前，绝对动量累计获利相对有限。在每一个熊市来临的早期，它带领我们避开损失。

当处于牛市时，绝对动量通常处于冬眠状态，避免发生损失。然而，不会仅仅停留于止损，它可以告诉我们在市场反转向上时，重新返回市场。

专业的基金经理人很乐意看到类似于表 8.1 所显示的绝对动量所取得的长期投资回报。我们可以清楚地看到绝对动量应用于美国股票所取得的效果。所有股票投资者和基金经理人都应该重视绝对动量。

相对动量的应用

为了使用相对动量，我们需要两个或两个以上的可选资产。MSCI 所有国家世界指数（MSCI All Country World Index，MSCI ACWI），是由 24 个发达市场和 21 个新兴市场所构成的浮动调整、资本加权指数。美国股票占MSCI ACWI指数的45%，其他发达市场也占45%，新兴市场占剩余的10%。MSCI ACWI指数起始于1988年，在此之前，我们使用MSCI世界指数（MSCI World Index，MSCI World）作为替代。MSCI世界指数不包括新兴市场。直到1988年MSCI所有国家世界指数开始使用，MSCI对此并没有追踪。从现在开始，当我们提及ACWI，既包括1988年之后的MSCI所有国家世界指数，也包括1988年之前的MSCI世界指数，不做区分。我们会把ACWI粗略划分为两个相等部分，一半是标普500指数代表美国股票，另一半是非美国ACWI，代表世界其他国家。

表8.2显示了ACWI、非美国ACWI和标普500指数在1974年到2013年的40年的成绩。我们可以看到，ACWI和非美国ACWI的收益都显著低于美国股票。我们知道，美国股市的长期风险溢价较高，该数据正好与此一致。

接下来，我们会将相对动量应用于标普500和非美国ACWI（结果几乎与使用成分股更多的美国估价指数，如罗素3 000或MSCI美国大盘市场指数，完全相同）。我们采用大型股指数标普500，这与我们从非美国ACWI中挑选的股票类型是一致的。

表8.2　ACWI、非美国ACWI和标普500（1974—2013）

	年度回报率	年度标准差	年度夏普率	最大回撤	月份获利(%)
ACWI	8.85	15.56	0.22	−60.21	61
非美国ACWI	8.51	17.65	0.17	−64.10	60
标普500	12.34	15.59	0.42	−50.95	62

相对动量与绝对动量

每个月，我们都可以将绝对动量应用于ACWI，然后，根据过去12个月内标普500指数超额收益为正数或者负数，来决定在ACWI和巴克莱美国整体债券指数之间进行转换。根据拉派奇、施特劳斯和周（Rapach，Strauss and Zhou，2013）的研究显示，美国领导全球股票市场，所以，我们采用标普500指数来判断所有股票指数的走势。我们将相对动量应用于ACWI，根据其两个成分在过去12个月内的相对表现来挑选其中回报较高者。表8.3和图8.2表明未使用动量的ACWI、使用相对动量的ACWI和使用绝对动量的ACWI的回报情况。

表 8.3　ACWI 与动量（1974—2013）

	年度回报率	年度标准差	年度夏普率	最大回撤	月份获利（%）
ACWI	8.85	15.56	0.22	−60.21	61
相对动量	14.41	16.20	0.52	−53.06	63
绝对动量	12.66	11.93	0.57	−23.76	66

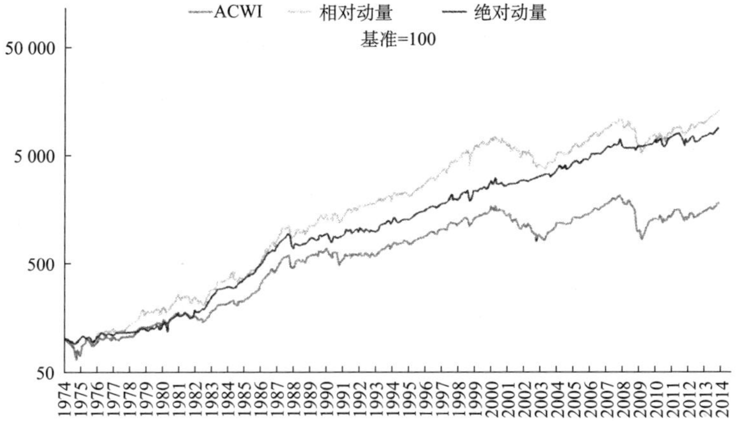

图 8.2　ACWI 相对动量与绝对动量（1974—2013）

从图 8.2 中可以看出，使用相对动量的 ACWI，其年度回报比未使用动量的 ACWI 高出 556 个基点，价格波动率稍微提高，但最大回撤有所下降。使用绝对动量的 ACWI 比未使用动量的 ACWI 只增加了 381 个基点，比应用相对动量时增加得要少，但标准差减少了 3.6%，最大回撤减少超过 60%。这说明，在市场不景气的熊市环境下，比如 2000—2002 年，以及 2007—2008 年时，绝对动量有特殊的效果。

图 8.3 曲线是相对动量与绝对动量累计收益除以 ACWI 指数的比值。从图中可以看出，相对动量与绝对动量之间有很好的互补功能。绝对动量在熊市期间可以提高价值，比如 1982 年、2001 年和 2008 年。相反，当绝对动量业绩表现未必好于市场本身时，比如 1986—2000 年间、2003—2007 年间，以及 2011—2013 年间，相对动量却可以持续提高价值。虽然相对动量的回报要高于绝对动量，但在价格波动率、最大回撤方面也付出了相应的代价。相对动量与绝对动量月份收益之间的相关程度为 0.69，这说明它们具有分散功能。

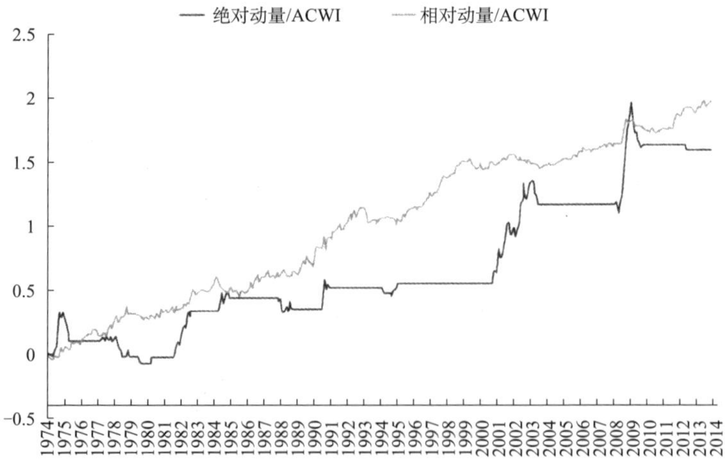

图 8.3　累计增长差异（1974—2013）

目前，投资人使用相对动量较绝对动量更为普遍。虽然绝对动量以风险调整后收益衡量更优，因为其价格波动率和最大回撤显著较低，夏普率较大。但我们并不局限于仅仅使用某一种动量。兼用两种动量，可以获得两种动量互补的效应。这正是我们所用的双动量要体现的功用。

➤ 双动量的应用

现在，让我们一起来看看，当将绝对动量与相对动量一起使用形成双动量时，情况会怎样。根据将绝对动量应用于标普 500 指数释放的信号来看，当市场处于熊市时，整体债券将可以作为投资的避险安全港。我们也将会基于相对动量做出判断，在标普 500 和非美国 ACWI 之间进行头寸转换。这种特殊的双动量应用的名称是“全球股票动量”（Global Equities Momentum，GEM）。这是真正的 GEM。图 8.4 表明了 GEM 的逻辑。

每月的起点是，我们首先比较过去 12 个月标普 500 与非美国 ACWI 的收益，挑选其中较高者。然后我们观察所挑选的指数是否优于国债。如果是，则投资该指数；否则，投资美国整体债券。每个月都重复这一过程。

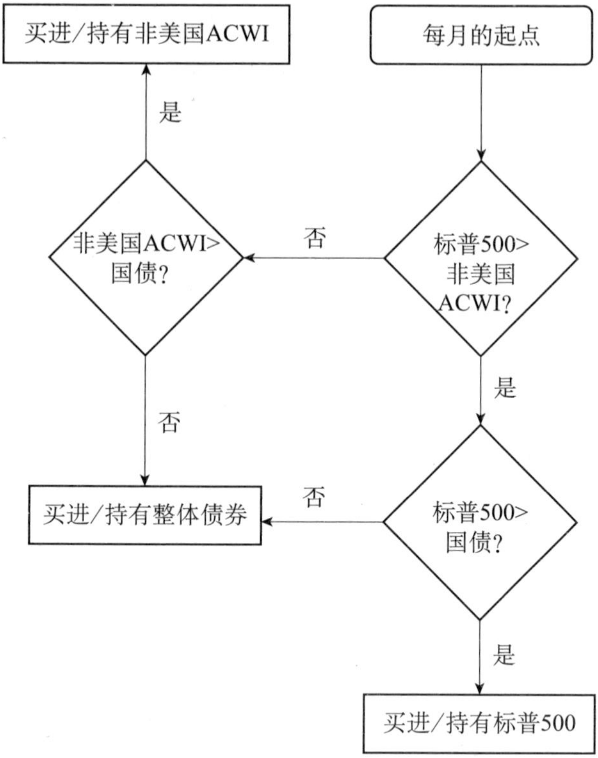

图 8.4　使用最近 12 个月收益全球股票动量

从 1974 年到 2013 年 10 月，GEM 有 41%的时间投资于标普 500 指数，29%的时间持有非美国 ACWI，剩余 30%的时间持有整体债券。每年在这三种资产之间的转换次数平均为 1.35 次，这意味着指数转换的交易成本可以忽略不计。表 8.4 显示了各种资产的回报情况，这些资产包括：ACWI 双动量（GEM）、ACWI 相对动量、ACWI

绝对动量、对照基准 ACWI 指数，以及持有 70%ACWI 和 30%美国整体债券的永久性投资组合（ACWI+AGG）。

表 8.4　　10 年期动量回报（1974—2013）

	GEM	相对动量	绝对动量	ACWI	ACWI+AGG*
所有数据					
年度回报率	17.43	14.41	12.66	8.85	8.59
年度标准差	12.64	16.20	11.93	15.56	11.37
夏普率	0.87	0.52	0.57	0.22	0.28
最大回撤	−22.72	−53.06	−23.76	−60.21	−45.74
1974—1983					
年度回报率	15.95	15.41	12.46	9.23	8.98
年度标准差	11.77	16.39	10.83	13.95	11.04
夏普率	0.54	0.36	0.30	0.02	0.00
最大回撤	−10.95	−32.77	−11.91	−32.78	−25.37
1984—1993					
年度回报率	22.39	20.58	16.03	14.23	13.62
年度标准差	14.60	16.68	13.54	15.66	11.45
夏普率	0.97	0.75	0.64	0.46	0.57
最大回撤	−22.72	−22.72	−23.76	−27.02	−18.56
1994—2003					
年度回报率	17.87	10.73	12.46	5.91	6.24
年度标准差	12.21	16.11	11.45	15.22	10.66
夏普率	1.02	0.38	0.67	0.11	0.18
最大回撤	−15.37	−48.85	−16.43	−56.52	−33.32
2004—2013					
年度回报率	13.68	11.69	9.78	6.15	5.69
年度标准差	11.83	15.68	11.85	17.31	12.27
夏普率	0.96	0.58	0.53	0.26	0.33
最大回撤	−18.98	−53.06	−21.69	−60.21	−45.74

* 70%ACWI 和 30%美国整体债券。

整个40年间，GEM的年均回报率17.43%，年度标准差12.64，夏普率0.87，最大回撤22.7%。年均回报率几乎是ACWI的两倍，价格波动率减少2%，夏普率增长4倍，最大回撤几乎只有三分之一。

如同图8.5中所示，GEM中的绝对动量成分让我们的资本相对安全地规避了熊市的损失。避免熊市带来的损失，是GEM能够取得优异成绩的主要原因之一。至于稳健性，所有数据都表明GEM具有非常可靠的稳健性，在过去的4个10年期内，与ACWI相比，GEM的夏普率都比较高，最大回撤都比较低。

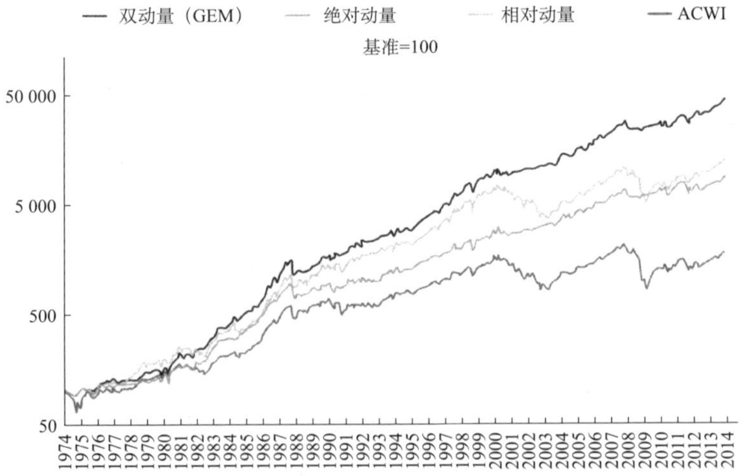

图8.5　双动量、绝对动量与相对动量（1974—2013）

图 8.6 显示了 GEM、绝对动量、相对动量和 ACWI 指数的回报率-价格波动率的关系。从图中可以看到，GEM 的回报-风险关系最好。

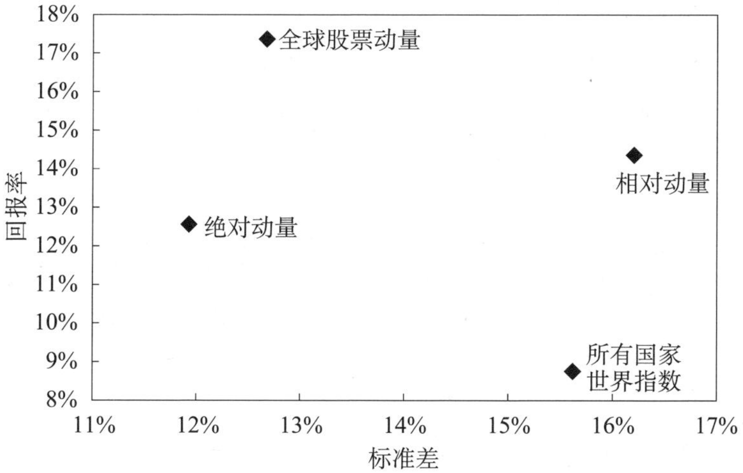

图 8.6　投资组合回报与价格波动率（1974—2013）

图 8.7 显示了 GEM 和 QCWI 指数 12 个月的滚动回报率。这显示了年度回报的最大值和最小值。GEM 的回报稳定于正值，极端向下然后折返的情况比较少。1980 年代初期，由于当时出现异常情况，短期利率突然升到 20%，使得国债的利率短期内优于股票，GEM 的业绩表现因此不如 ACWI 好。1975 年初、2002 年底和 2009 年初，GEM 的表现也赶不上 ACWI，这是因为 ACWI 当时处于超跌之

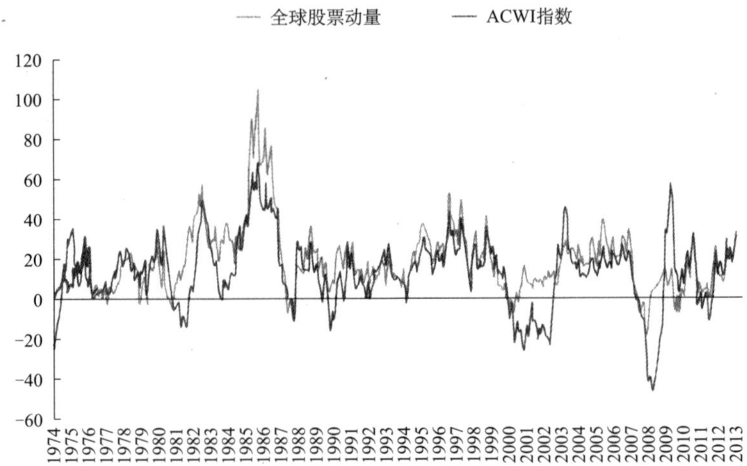

图 8.7　GEM 和 ACWI 的滚动式 12 个月回报（1974—2013）

后的大幅反弹。除此之外，GEM 的回报稳定地好于 ACWI。

表 8.5 显示了回溯期间分别为 12、9、6 和 3 个月的 GEM 的回报情况，并与 ACWI 进行比较。就年度回报率、夏普率和最大回撤来看，GEM 各种回溯期间的回报表现都优于 ACWI。这些数据表明了 GEM 的稳健性。

表 8.5　GEM 的回溯期间（1974—2013）

	GEM12	GEM9	GEM6	GEM3	ACWI
年度回报率	17.43	15.85	14.37	13.90	8.85
年度标准差	12.64	12.39	11.84	12.04	15.56
年度夏普率	0.87	0.78	0.71	0.65	0.22
最大回撤	−22.72	−18.98	−23.51	−23.26	−60.21

图 8.8 显示了 GEM、相对动量和绝对动量相对于 ACWI 的累计回报。请注意，双动量明显强于绝对动量与相对动量。我们也能看到，GEM 在 1982 年、2001 年和 2009 年受益于绝对动量，而这些年份相对动量的表现并不优于市场。另一方面，在 1986—1998 年间和 2004—2007 年间，股票市场处于多头市场，绝对动量的表现并不优于市场，此时，GEM 更多地受益于相对动量。这也说明，投资者可同时使用绝对动量和相对动量来获得互补效应。

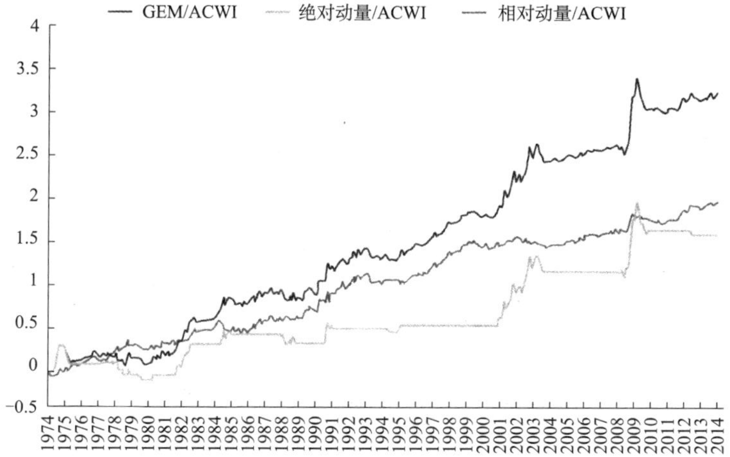

图 8.8 累计增长差异（1974—2013）

1974 年、2001 年和 2008 年，ACWI 正经历严峻的熊市，GEM 当时的表现明显好于 ACWI。GEM 与 ACWI 相比，在熊市期间具有反方向的业绩表现，这说明，GEM是具有稳定回报和分散风险的可选资产。对于那些没有应用 GEM 作为主要投资策略的投资人来说，更是如此。

GEM 投资人应当记住，从短期来看，GEM 的业绩并不一定优于市场。尤其在超跌反弹时期，更是如此，如图8.7 所示。顺势操作，通常会落后于市场反应。然而，从长期来看，GEM 的回报非常可观。

为了更好地理解 GEM 何时、如何取得突出的回报，表8.6 显示，当标普 500 处于上涨和下降年份时，GEM 表现优于或不如标普 500 的年数。表 8.7 显示，当标普 500 处于上涨和下跌年份时，GEM 与标普 500 的年均回报率。

表 8.6　　GEM 业绩较优的年数（1974—2013）

	标普 500 上涨的年数	标普 500 下跌的年数
GEM> 标普 500	14	8
标普 500>GEM	13	0
GEM= 标普 500	5	0

表 8.7　　年均回报率（1974—2013）

	标普 500 上涨的年数	标普 500 下跌的年数
GEM	21.9	2.2
标普 500	18.5	−15.2

当股票投资者非理性逃离市场时，GEM 的低风险性质使得投资者做出恰当的决策，不会跟风逃离市场。当股

票处于牛市时，GEM 的表现可能优于、也可能不如所选的市场基准，投资者需要操作耐心。投资者切记，GEM 的优异表现，大多都出现在市场不好的时候。

➤ 回撤比较

表 8.8 显示了 GEM 与 ACWI 的 5 个最大回撤，包括幅度、期间长度和复苏时间等资料。

表 8.8　　GEM 和 ACWI 的 5 个最大回撤

回撤量	起始日期	低点日期	复苏时间	峰位到谷底月数	谷底到复苏月数	峰位到复苏月数
GEM						
−22.7	1987.9	1987.10	1989.5	1	19	20
−19.0	2007.11	2008.10	2010.12	11	24	35
−16.1	2011.5	2011.9	2012.2	4	5	9
−15.4	1998.7	1998.8	1998.11	1	3	4
−8.6	2000.4	2000.7	2001.7	3	12	15
ACWI						
−53.9	2007.11	2009.2	?	16	>46	>62
−50.5	2000.3	2003.3	2006.10	30	49	79
−30.8	1974.3	1974.9	1976.3	7	18	25
−27.0	1989.12	1990.9	1993.12	9	48	57
−20.4	1987.8	1987.11	1989.1	3	14	17

图 8.9 到图 8.12 从不同的角度提供了 GEM 回撤和回报与 ACWI 及其他基准的比较。

图 8.13 显示了 GEM 和 ACWI 的季度回报的散点图，取值频率为每先前滚动一个月取值一次。我们可以看到，左下象限显示，GEM 使用绝对动量克服了 ACWI 的很多回撤；另一方面，右上象限显示，线性关系斜率向上倾斜，说明 ACWI 的正数回报基本都转移到了 GEM。

图 8.14 是一个盒式的方格图，它显示 12 个月滚动式回报与风险的关系。方格图同时显示每种策略的回报与风险的特征。长条状的垂直线段代表回报区间（剔除了极端离群值），矩形状的方格包括 75%回报的跨四分位差的区间。方格内的水平线则表示每个投资策略的 12 个月的回报的中位数。

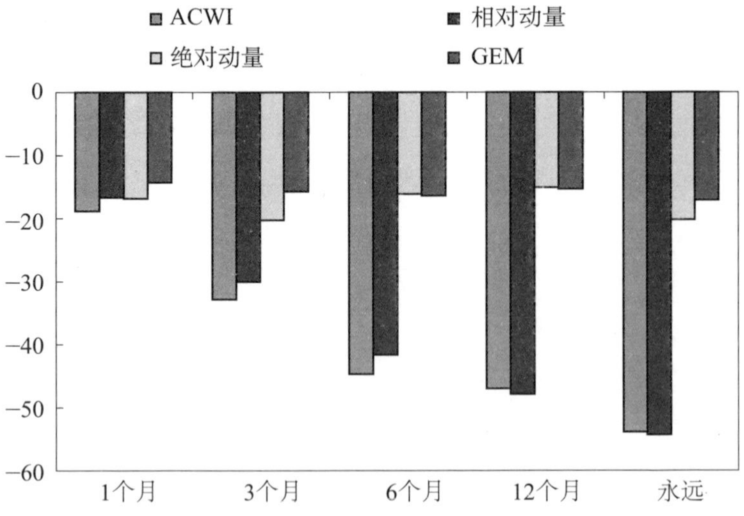

图 8.9 最大回撤（1974—2013）

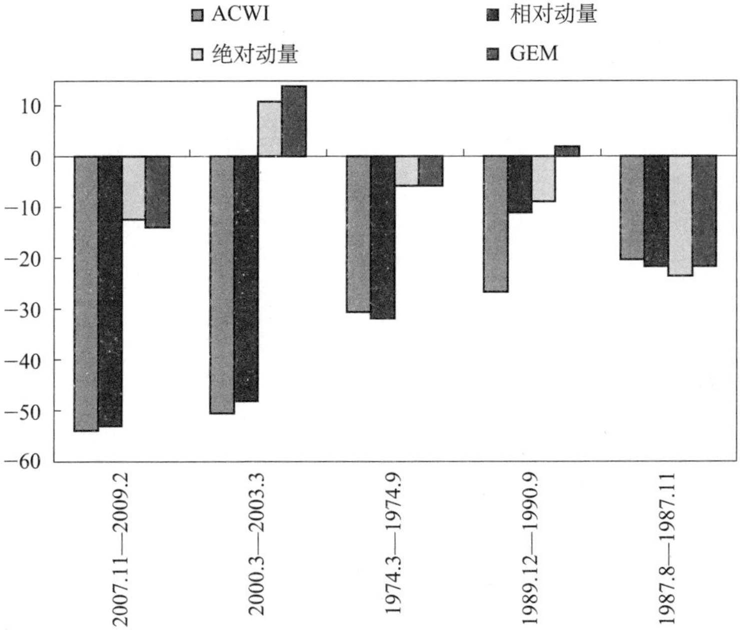

图 8.10　ACWI 熊市期间回报（1974—2013）

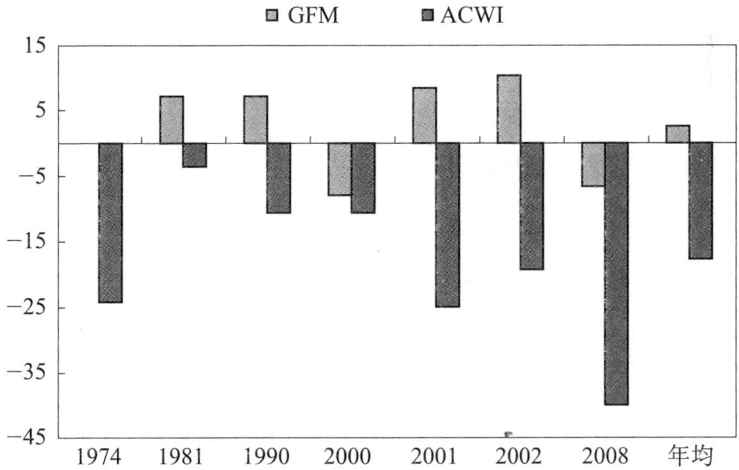

图 8.11　ACWI 发生回撤年份（1974—2013）

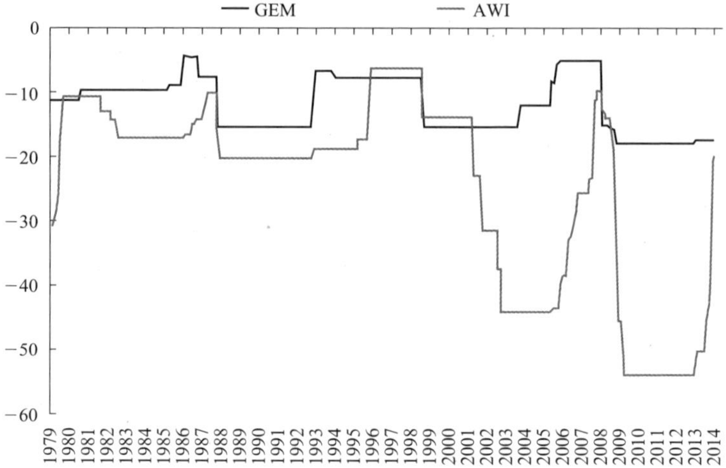

图 8.12　GEM 与 ACWI 滚动式 5 年期最大回撤（1979—2013）

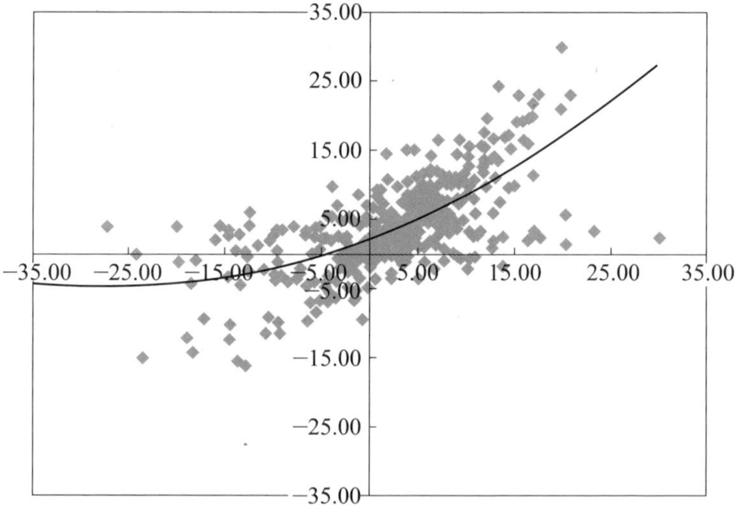

图 8.13　季度回报：GEM Vs. ACWI（1974—2013）

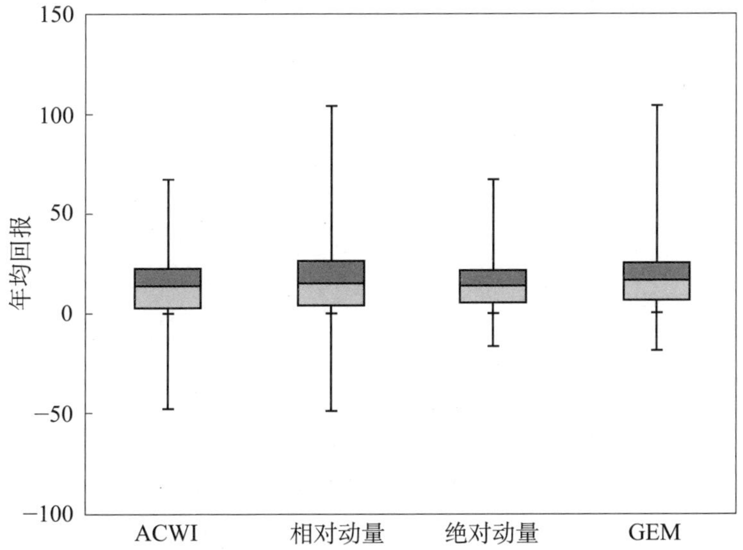

图 8.14　滚动式 12 个月期回报的方格图（1974—2013）

因素模型结果

使用本书第三章论述的多元回归模型，表 8.9 显示了利用法玛-法兰西-卡哈特的四因素模型（市场、规模、价值与动量风险）对 GEM 回报进行的多元回归的结果，数据来源是肯尼斯·法兰西在线数据库。由于 GEM 大约 30%的时间持有债券，所以我们又增加了巴克莱整体债券指数的超额回报一个因素，利用五因素模型进行回归并报告其结果。另外，我们也仅使用市场、动量风险和债券三个因素，进行了简单三因素回归并报告结果。

表 8.9　　因素定价模型

	α^*	市场	规模	价值	动量	债券	R^2
五因素模型	5.30 (2.67)	0.50 (8.32)	−0.06 (1.10)	0.08 (1.32)	0.20 (4.25)	0.37 (3.50)	0.44
四因素模型	5.94 (2.99)	0.53 (9.64)	−0.09 (1.83)	0.09 (1.43)	0.21 (4.39)	—	0.44
三因素模型	5.80 (3.25)	0.47 (8.29)	—	—	0.17 (5.00)	0.39 (3.88)	0.43

* 经过年化的数据，括号内是 Newey-West 稳健性 t 统计量。

所有这三个因素模型的回归结果都表明，GEM 提供了经济上和统计上都显著的风险调整后超额回报（α）。由于 GEM 是只做多策略，所以我们自然会看到股票和债券因子具有非常显著的系数。GEM 的股票动量也具有高度显著性，这说明相对强度动量对 GEM 的优异表现发挥着重要的作用。

➤ 简单而有效

GEM 不仅有效提供了高度显著的风险调整后回报，而且还非常简单。经济学家使用这一词语使得该方法看起来很酷，同时也意味着简单、直白。爱因斯坦曾经说过：

“一切都应该保持尽可能简单，但不能太简单”。引用安东尼·德·圣埃克苏佩里（Antoine de Saint-Exupéry）的名言：“完美并非指一物不能加，而是指一物不能减”。罗杰斯（Rogers）这样说过：“深入而简单远胜肤浅且复杂”。

高度优化的方法往往复杂、脆弱，并容易失败。反之，GEM 简单且稳健。该方法只采用美国股票、非美国股票和美国整体债券。该方法唯一的参数就是 12 个月的回溯期间，其效力已经通过使用无数市场与两个世纪的数据，以及数以百计的样本外、样本内动量研究加以确认。这些样本内、外的结果和 GEM 的简单与稳健性，使得数据挖掘偏误和过度拟合偏误最小化，这是两种常见的、致命的模型构建偏误。

如何使用

GEM 就是简单使用交易型开放式指数基金（exchange-traded funds，ETF），与共同基金相比，ETF 运营成本较低，市场流动性强，信息更为透明，也能更好地节税。只要使用在线的绘图软件，投资者就能很容易判断 GEM 再平衡的信号。我建议使用 StockCharts. com 的 PerfCharts，因为它采用总回报，而其他免费绘图软件大多只采用价格变化指标。你需要输入并存储三个 ETF 的报价代码，包括美国股票、非美国股票和美国国债。每个月绘制这三个 ETF 在过去 252 个交易日（一个日历年度内）的业绩。如果在过去一年内某只 ETF 回报最高，这就是你未来一个月所选择的对象。如果美国国债回报最高，这意味着股票市场趋势向下，那么你就需要持有整个债券 ETF。

执行与管理 GEM 的相关成本应该很低。有四家免佣金的经纪商可以提供运用于 GEM 策略的 ETF：先锋、嘉信、TD Ameritrade 与富达投资。先锋的标普 500、FTSE 所有国家不含美国（FTSE All-World ex-US）与美国总债券 ETF（U. S. Total Bond ETF）的平均年费率只有 10 个基点。GEM 在节税方面也相当有效。双动量通常会抛掉亏损头寸，导致短期资本损失，而继续持有获利头寸，以赚取长期回报。难道你还有不使用 GEM 的理由吗?!

调整风险偏好

在下一章，我们将会看到，让 GEM 复杂化基本上得不到或者根本得不到好处。由于如此简单，各位也许会怀疑，是否存在一种方法使得 GEM 能够适应不同投资者的各种风险？

为了回答这个问题，我们使用马科维茨-托宾基金分离定理（Markowitz-Tobin fund separation theorem），分别考虑投资何种资产和承担多大风险的决策。更明确来说，投资人应该持有夏普率最高的单一资产投资组合，如果希望降低风险，则应当将最佳投资组合与无风险（或更低风险）的替代资产进行组合。相反，积极管理型投资者可以通过对最优投资组合加杠杆来赚取更高的回报。

图 8.15 显示了分离定理的切线投资组合（tangency portfolio），资本市场线与有效投资组合边界的切点。厌恶风险的投资者沿着资本市场线，而不是有效边界，进行投资获得更好的回报-风险比率。

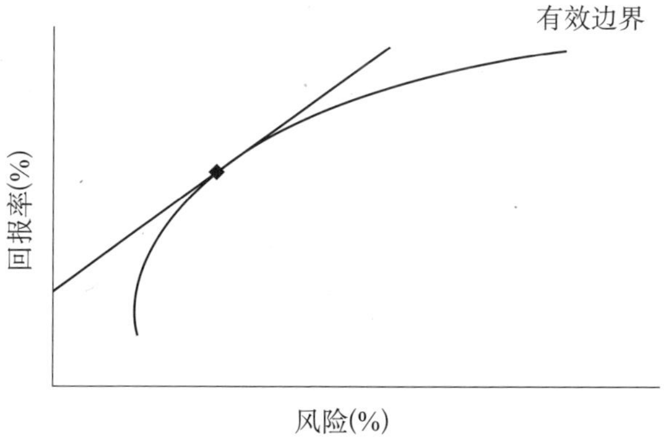

图 8.15　资本市场线与有效投资组合

表 8.10 与图 8.16 显示了积极管理型投资者以联邦基金利率加 25 个基点融资，对 GEM 加 30%的杠杆之后的情况。它也显示了针对风险规避型投资者构造的一个更为保守的投资组合，即 GEM 与某个 30%永久性整体债券的组合。如此一来，GEM 就能够适应各种情况，也能够满足各种投资人的需要了。

表 8.10　　GEM 加杠杆与不加杠杆

	年度回报率	年度标准差	年度夏普率	最大回撤	月份获利(%)
GEM 130	20.13	16.43	0.81	−29.84	65
GEM	17.43	12.64	0.87	−22.72	68
GEM 70	14.52	9.50	0.90	−15.46	69

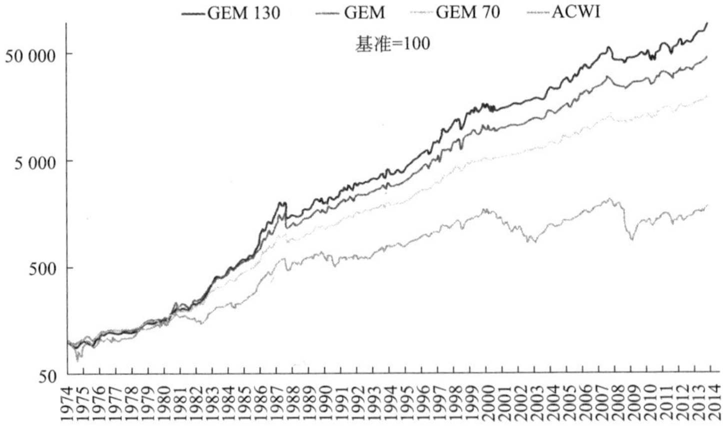

图 8.16　加杠杆/不加杠杆的 GEM（1974—2013）

第九章

更好的动量

简单就是极致的老练。

——达·芬奇

在前一章，我们看到双动量如何让我们实现低风险高回报。第五章和第六章分析了其他投资方法，并着重分析了我们应该重视双动量的原因。我们还看到，过度分散化投资的效果适得其反，尤其是对于那些理解并使用双动量策略的投资者。现在，我们想看看可能会增强双动量的方法和另外一些可能也会使用到的方法。

➤ 试图增强动量的各种危险

双动量简单直接，完全以相对动量和绝对动量为基础，唯一的参数就是回溯期间。考尔斯和琼斯以 12 个月作为回溯期间，利用 1920—1935 年的数据，首次发现在美国股票市场相对动量可以获得异常回报。许多其他学者在另外的市场并扩大数据期间进一步验证了该方法是有效的，验证绝对动量使用的数据从 1903 年至今，相对动量则是从 1801 年至今。使用这么多年的样本外数据验证有效，我们理当不再担心数据挖掘偏差。在两种动量策略下，12 个月的回溯期间都表现很好，这等于双交叉验证了回溯期间参数的最优选择是 12 个月。

如果你想使用某种新的方法取代或者修改双重动量这一久经检验的策略，将面临几种潜在的危险。首先，数据搜集可能造成多重比较的危险。如果考察的策略种类够多，几乎肯定会发现其中某些策略非常诱人。可是，这也许仅仅是一种巧合或者幸运。譬如，如果你在 5%的水平上检测统计显著性，那么只要检查 20 个或者以上的策略，就有可能找到一个貌似具有统计显著性的策略，但实际上并不具显著统计性。这或许就是因为运气而出现的那 20 个中的 1 个。各位不必做太多的考察，就会发现陷入这方面的麻烦。在一篇题目很吸引人的文章《伪数学与金融欺诈：回溯测试过度拟合对样本外绩效的影响》（Pseudo-Mathematics and Financial Charlatanism：The Effects of Backtest Overfitting on Out-of-Sample Performance）中，贝利等人（Bailey et al.，2014）认为，“回溯测试少数几个替代性策略，不难取得优异成绩……投资者很容易被误导而配置资产到那些数学结构貌似完整的策略。”

当你依赖数据探测来开发解释型模型时，就会遇到许多滑稽的例子。大约 20 年前，两位研究人员发现，使用孟加拉牛油产量、美国乳酪产量、美国羊只产量、孟加拉羊只产量等因素进行多元回归，就可以解释标普 500 指数的 99%。这两位研究人员还曾遇到有人咨询，在哪里可以获取孟加拉牛油产量的数据。还有一些研究，将美国 9 岁儿童的数量、女人衣服长度，或美国人对《运动画刊》所刊泳装专刊封面是否优雅的看法与股票市场回报进行回归分析。

在选定模型后需要决定参数，仍然会遇到同样的数据探测问题。用双动量来说，只有一个参数：回溯期间。这个回溯期间已经被各种研究验证有效。可是，大多数模型并非如此简单，依然面临着过分套入（overfitting）或者超标规范（overspecification）的危险。

为使模型更完美地“预测”过去而增加模型的复杂性，往往会使模型太过坚硬，反有可能不能有效预测未来。根据洛佩兹·德普拉多（Lopez de Prado，2013）的研究，由于金融数据存在各种记忆，过分套入不仅会导致噪音（随机性），可能还会引起因均值回归带来的系统性样本外损失。历史测试的结果越好，将来实际交易的结果越差。

重复使用数据也会带来问题：一次用来最优化策略和参数，另一次用来测试相关策略预测未来的效果。我们应当避免模型复杂化或过度最优化，在评价模型时，也应当使用之前没有使用过的新数据来做评估。洛佩兹·德普拉多认为，标准统计方法在设计时会采用一些方法来防止过分套入，比如，把数据做切割，分成发展组和保留组，前者用于模型开发，后者用于交叉检验。但这种做法实际应用于历史测试，也有可能产生问题。产生问题的可能原因如下：最主要的可能是保留组的数据不具有代表性，而且，有可能已经预先知道保留组的数据会有什么样的业绩表现。如同诺贝尔物理学奖得主理查德·费曼所说：“计算结果的程序如果是无限的，那么只需要一些小技巧，就可以让任何实验结果看起来像预期结果。”

除了多重比较危险与过分套入偏误之外，资料探测也有可能会由于数据不足而带来问题。某些实践者只采用 15 年的数据，来设计和回测其交易模型，其理由是 15 年是大多 ETF 开始存在的时间。其结果令人怀疑，因为金融数据存在大量噪音。回报率参数分布会因为时间的变化而变化，会随市场状况的变化而变化。相对短期的数据样本通常不能代表整体，它们经常难以提供可重复的检验结果。数据的每个序列或样本都同样代表整体，这一性质就是“遍历性”（ergodicity）。金融市场非常不可能具有遍历性。股票行情不可能重复发生，即使某系情形重复出现，但性质也截然不同。以下是一种观察方式。

让我们将方差比率（variance ratio，VR）定义为 k 期回报除以 k 与 1 期回报方差的积。当回报与时间不相关时，分子和分母相同，方差比率为 1。如果市场大势是回归均值，回报将为负相关，方差比率小于 1。如果市场存在趋势，回报将呈现正相关，VR 将会大于 1。如果我们计算各种 k 期间的 VR 值，就可以判断这些期间内是处于回归均值还是存在趋势走势。

托尼·库珀（Tony Cooper）提供的图 9.1 显示，上图的标普 500 被分割为 15 年期的四段走势。图 9.1 显示了这四段 15 年期走势的 VR 值。我们看到 1999—2013 年间的 VR 在所有 k 期都呈现回归均值的走势。另外三段 15 年期走势，其 VR 大多大于 1，代表市场呈现趋势。VR 图形表现各异，说明只采用 15 年期资料的历史数据，很难提供可靠的未来预测能力。只采用非常有限的历史数据，比如过去 15 年的数据，却希望能够得到可以准确预测未来的可靠结果，这是我们看到的别人在做历史预测时经常犯的错误。著名学者肯尼斯·法兰西曾经说过，股票价格研究中心所收集的 78 年的历史资料，存在噪音信息，不足以准确预测结果。我们在第六章也看到，学者曾经根据 28 年的历史数据，发现显著的价值溢价。但是，等到有更多数据可以利用时，却发现存在价值溢价的结论可能存在疑问，情况就如同以前研究的规模溢价一样。

反之，我们的绝对动量与相对动量的情况就不同了。绝对动量表现出来的显著且稳定的风险调整后回报，可以追溯到 1903 年。至于相对动量，结果甚至可以往前延伸到 1801 年。据我所知，金融市场的各种历史推测，没有比它采用更多历史数据的了。

足够的数据，才能让我们看到预测结果在各种市场情

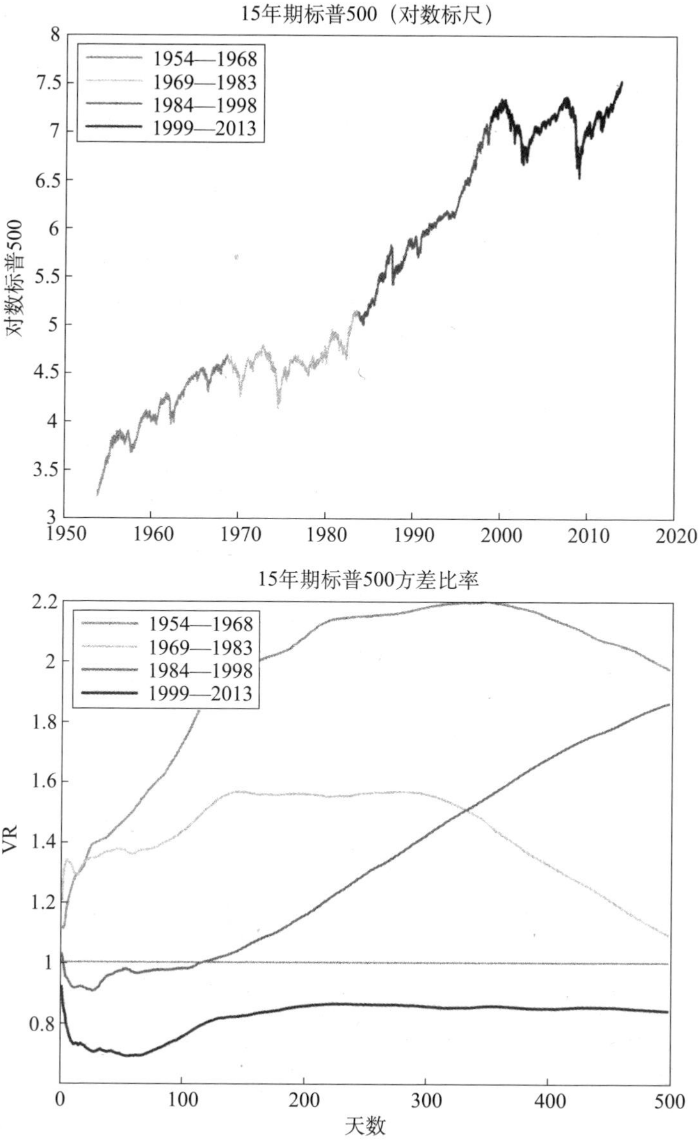

图 9.1　15 年期的方差比率（1954—2013）

况下的稳定性和一致性。统计学家爱德华·丹敏（W. Edwards Deming）曾经说过："除了我们信赖的神，其他一切都依赖于数据。"记住这个警示，让我们看看适用于绝对动量根本原则的价格趋势，还有哪些替代性的判断方法。我们也再看看相对强度动量的一些提升技巧。

再谈绝对动量

很久以来，业界一直在努力寻找判断市场时效和价格走势的方法。在上世纪末，学术界普遍认为判断市场时效是不可能的事情。马尔基尔（Malkiel，1995）的评论很具代表意义，他说："技术分析是学术界的魔咒，我们很喜欢对此提出批评。"只要碰到"市场时效"这个字眼，很多业界认识的神经触角就会缩回。

布洛克等人（Brock et al.，1992）发表论文《简单技术交易法则与股票回报随机性质》之后，学术界对技术分析和顺势操作的态度，便慢慢有所改变。布洛克等将 26 种技术交易法则应用于道琼斯工业指数，研究期间涵盖了 1897—1986 年这一期间。他们研究采用很长跨期的数据，提出了所有可能的结果，并检验了各种方法下各个期间结果的稳定性，尽可能降低数据探测偏差发生的可能性。该研究也是最先使用自助抽样技巧来延伸标准统计检验的研究。总的来说，他们的结果认同技术交易策略的效力。至于持相反意见者，方、雅克布森和秦（Fang，Jacobsen and Qin，2013）重新运用布洛克等人使用的 26 种技术交易法则于 25 年期的新数据来检验，却发现其效果很差。帕克和欧文（Park and Irwin，2007）的论文《关于技术分析的获利能力，我们知道什么?》则对顺势操作方法的各种趋势进行了总结。两位作者发现，1988—2004 年间，有关技术分析策略的 95 种现代研究数据，其中有 56 种显示正面结果，29 种显示负面结果，19 种没有明确结果。两位作者认为，大多数实证研究都受制于测试程序的一些问题，譬如数据探测、事后法则选择、未适当解释风险与交易成本等。

最近，巴耶格农维奇和斯凯利特（Bajgrowicz and Scaillet，2012）针对 1987—2011 年间的道琼斯工业指数每天的数据，使用了 7 864 个交易法则，通过使用最新的数据探测偏差修正技巧、错误发现率等，作者发现，投资人绝对没有什么办法事先挑选回报最佳的交易法则。一旦考虑交易成本，所有的获利都不复存在。

方、秦和雅克布森在2014年也提出类似的结论。他们运用标普500的数据，对93种市场指标（包括50种人气指数与43种市场强度指数）平均期间长度为54年的获利能力进行了检验。考虑交易成本之后，没有任何指标的风险调整后表现优于标普500买进-持有策略，而且也没有任何证据显示它们对于未来股票回报存在预测能力。

我们知道，有关交易法则的检验表明，数据探测偏误是个致命的问题。自助抽样虽然有助于建立信赖水平，尤其是在数据有限的情况下，但这可能需要依靠有关市场功能的不切实际的假设。更明确来说，精确的时间序列自助抽样与模拟结果，需要依靠数据的遍历性与稳定性。由于金融市场不稳定，而且可能出现价格跳动与无限变异，所以遍历性不存在，自助抽样模拟恐怕也不可靠。

和那些未经证实的、不可靠的替代性顺势操作方法相比，简单而稳健的绝对动量策略具有明显的优势。知道这点之后，我们需要谨慎观察几种可以跟绝对动量搭配的其他顺势操作方法。

巴尔塔斯和科索斯基（Baltas and Kosowski，2012）

提出一种判定绝对动量趋势的替代性方法，将 1975 年 12 月—2013 年 2 月的数据应用于 75 种期货契约。关于绝对动量趋势的判定，他们针对常用的方法（观察先前 12 个月回报的趋势）与替代方法（使用一条趋势线套入先前 12 个月的每天价格，然后估计该曲线斜率的 t 统计量）进行了比较。他们的方法可以降低绝对动量的交易成本，程度大约是 2/3。另外，他们发现，在未考虑交易成本的情况下，两种方法的夏普率大致相等。但如果考虑了交易成本的话，替代性方法运用于商品与固定收益证券的结果就存在优势。

➤ 移动平均顺势操作

对于实战者来说，移动平均可以说是最常用、历史最悠久的价格趋势判断方法。加特利（Gartley，1935）研究了 1930 年代移动平均的使用情况。威廉·戈登（William Gordon，1968）帮助推广了 200 天的移动平均。使用 1897—1967 年的数据，戈登的研究显示，当 DGIA 处在其 200 天移动平均之上而买进股票，回报是在 200 天移动平均之下买进的 7 倍。

虽然曾受学术界批判，但移动平均作为市场时效的判定工具，近年来得到了肯定和支持。从2002年以来，沃顿商学院的杰里米·西格尔在他的畅销书《股市长线法宝》中倡导200天移动平均作为降低价格波动滤网的概念。菲伯尔（Faber，2007）把200天移动平均转化为对等的10个月移动平均，当价格高于10个月移动平均时就买进，当价格低于10个月移动平均时则卖出。如此，可以降低运用日线移动平均的交易次数与亏损。

不论是10个月或者200天均线，只要谈到移动平均长度，就会引发数据勘探偏误的疑虑。布洛克等（Brock et al.，1992）、西格尔（Siegel，2014）与菲伯尔（Faber，2007）都认同，10个月或200天是金融实战者最经常运用的移动平均长度。过去，实战者也经常测试移动平均长度，最后也得到前述研究数据所得出的同样结论。

菲伯尔的论文《战术资产配置的计量方法》让10个月移动平均交易法受到普遍重视。他的论文在社会科学研究网（SSRN）被下载次数最多。这篇文章鼓励其他研究者发表了许多相关文章，以及后来的菲伯尔和理查德森（Faber and Richardson，2009）的著作。很多业内人士也纷纷采用这种深受欢迎的10个月移动平均方法。

这种10个月移动平均方法很容易和绝对动量策略做比较。表9.1显示了对其比较的结果。此处考虑了四种可能的方法：10个月移动平均、12个月移动平均和标普500指数，涵盖期间为1974年到2013年。当没有投资股票时，所有三种策略都投资美国整体债券。

表9.1　　标普500绝对动量与移动平均（1974—2013）

	12个月 绝对动量	10个月 移动平均	12个月 移动平均	标普500 无滤网
年度回报率	14.38	14.16	14.29	12.34
年度标准差	12.23	12.13	12.23	15.59
年度夏普率	0.69	0.68	0.68	0.42
最大回撤	−29.58	−23.26	−23.26	−50.95

三种策略的运用结果很相似。绝对动量有70%的时间持有股票，40年期间总共进行了31笔交易，每年平均为0.83笔。10个月移动平均有74%的时间持有股票，总共进行了49笔交易，每年平均1.2笔。所以，绝对动量的交易成本低于10个月移动平均。表9.1并没有反映出交易成本的差异。

移动平均与绝对动量都试图消除噪音，借以判定趋势。1906年，英国科学家法兰西斯·高尔顿（Francis Galton）首先发现降低噪音的重要性。高尔顿某次在集市上看到，有 800 个人尝试猜测一头牛的体重。等到比赛结束，高尔顿要求查看大家猜测的结果。大部分猜测都很离谱。可是，让高尔顿震惊的是，其平均数 1 197 磅跟实际体重 1 196 磅竟然只差了 1 磅！所有的噪音似乎都隐藏着真实的信息。平均数显然赋予了随机现象以真实的意义。

绝对动量通过观察时间上的两个参考点，借以降低噪音。换言之，绝对动量考虑的问题是：今天价格较 12 个月前价格是高还是低。移动平均则是借由平滑程序降低噪音，就如同高尔顿看到的。

➤ 借由价值评估决定市场时效

某些金融从业者认为，他们可以透过某种价值衡量的方式来判定市场时效，比如，席勒（Shiller）的 10 年期周期性调整后价格盈余（Cyclically Adjusted Price Earnings，CAPE）。CAPE 的计算，是把标普 500 除以 10 年期盈余平均数。目前的 CAPE 比率，则是拿前述结果跟其长期平均值做比较，长期平均值大约是 17。投资人应该注意的是回归均值的倾向；换句话说，市场会回归这个长期平均值。从历史上来看，CAPE 比率如果低于 10，未来的年度股票回报率会超过 20%，而 CAPE 比率如果超过 20，则未来的年度股票回报率只有 5%。

目前，CAPE 大约是 26%，意味着美国股票价格高于历史正常水平。可是，这未必代表股票已经接近多头市场的顶部。那些在 1996 年因为 CAPE 跟目前水平大致相当而卖掉股票的人，就错失了美国股票市场上涨的机会，而 CAPE 在 1999—2000 年期间，甚至达到 40 以上。保罗·都铎·琼斯特别指出，多头市场的最后三分之一走势往往最疯狂，价格经常呈现抛物线状飙涨。如果借由价值评估决定市场时效，大有可能会错失这类机会。

另外，企业盈余的正常水平，也有可能随着时间的推移而变动，因此，过去对于 CAPE 的研究，有可能过分套入资料。这种价值衡量方式，顶多只能粗略估计未来回报。

再论相对动量

绝大多动量研究都着重于个别股票，相对强度动量实务上也同样多用于个别股票。因此，我们也要看看动量运用于个别股票的情况。很幸运的是，AQR 资本管理（AQR Capital Management LLC）在他们的网站，提供了免费而方便的动量相关指数。

AQR 动量指数（AQR momentum index）是根据 12 个月相对强度动量（落后一个月）而由美国资本市值最高的 1 000 家企业的 1/3 股票组成。AQR 是采用资本市值作为权数构建指数，每季度调整一次。

表 9.2 显示 AQR 动量指数、罗素 1 000 指数，以及 12 个月绝对动量运用于罗素 1 000 指数的情况，整体债券为安全避风港，起始日期是 AQR 动量指数成立的 1980 年 1 月。

表 9.2　AQR 动量、罗素 1 000 和绝对动量（1980—2013）

	AQR 动量	罗素 1 000	绝对动量运用于罗素 1 000
年度回报率	15.14	13.09	15.92
年度标准差	18.27	15.51	12.57
年度夏普率	0.51	0.49	0.80
最大回撤	−51.02	−51.13	−23.41

AQR 估计其 AQR 动量指数的每年交易成本为 0.7%，这并没有考虑在指数或表 9.2 之内。

我们可以看出，在整个 33 年间，AQR 动量指数的回报高于罗素1 000，但价格波动程度也比较高。两者的夏普率与最大回撤大约相当。如果把每年 0.7%的交易成本考虑在内，在风险调整后的基础上做比较，AQR 动量指数显然就不如罗素 1 000。

但只要单纯地把绝对动量运用于罗素 1 000 指数，回报绩效就胜过 AQR 动量指数或罗素 1 000 指数，而且标准差显著较小，最大回撤也明显下降。另外，绝对动量夏普率也显著较大。这个简单的绝对动量策略，交易成本应该微不足道，因此，管理这个庞大的个别股票投资组合，理当没有什么费用。所以，我们实在看不出有什么理由要采用个别股票的动量策略，而不采用低成本的股票指数，然后运用简单的绝对动量。

阿斯内斯、弗兰兹尼、伊斯雷尔和莫斯科维茨（Asness，Frazzini，Israel and Moskowitz，2014）的论文《动量投资：事实与虚构》（Fact，Fiction，and Momentum Investing）强调，动量运用于个别股票时，即使回报为零，还是有意义的，前提是要跟价值股票的动量策略结合。这是因为价值与动量之间呈现高度负相关。

表 9.3 显示 AQR 动量指数、罗素 1 000 价值型指数，以及如同阿斯内斯等人（Asness et al.，2013）所建构的 50/50 结合动量与价值策略。我们看到，价值结合动量之

后，夏普率确实稍高于单独的价值或动量。可是，最大回撤分明没有明显改善，而且整体情况仍然明显不如绝对动量运用于罗素 1 000 指数的结果。

表 9.3 AQR 动量、罗素 1 000 价值型、50/50 动量与价值（1980—2013）

	AQR 动量	罗素 1 000 价值型	50/50 动量与价值	绝对动量运用于罗素 1 000
年度回报率	15.14	13.52	14.33	15.92
年度标准差	18.27	14.87	15.71	12.57
年度夏普率	0.49	0.53	0.55	0.80
最大回撤	−51.02	−55.56	−51.47	−23.41

另外，伊斯雷尔和莫斯科维茨（Israel and Moskowitz，2013）发表论文认为，一般情况下，价值只有运用于极小型股票，才有所谓的溢价，而机构投资者通常不愿意投资于这些股票。

也许我们还可以找到其他方法来提升动量在个别股票上的运用，使得其更具实用性。有十多篇论文对相对强度动量运用的改进进行了研究。在此，我们讨论其中四种具有发展潜力的个别股票运用。我们也可以将其中的两种方法应用于市场指数或者股票之外的其他资产。如果你想进一步探讨这方面改进的可能性，可以下载相关的论文，但要记住先前谈到的有关数据探测和模型过度规范的问题。

➤ 逼近 52 周高点

在 1950 年代，德雷弗斯和达尔瓦斯（Dreyfus and Darvas）都提倡投资于创新高的股票的理念。乔治和黄（George and Hwang，2004）的《52 周新高与动量投资》（the 52-week High and Momentum Investing）表明，52 周新高，可以解释动量投资的大部分获利。利用 1963—2011 年的美股数据，两位作者计算目前股价与 52 周新高的比率。然后，作者强调，相对于只根据过去 6 个月最高回报来说，如果再额外考虑价格逼近 52 周新高的程度，获利会更优异。逼近 52 周新高的预测能力超过过去的回报。作者认为，价格逼近 52 周新高，意味着最近曾发生过重大利多信息。如果这真是股价创 52 周新高的理由，那么逼近 52 周新高的效力，应该更适用于个别股票，而不是对于新闻事件不甚敏感的股价指数或类别资产。

➤ 价格、盈余与收入动量

陈等人（Chen et al.，2013）在他们的论文《收入动量是驱动还是受惠于盈余或价格动量?》(Does Revenue Momentum Drive or Ride Earnings or Price Momentum?)中，检验了价格、盈余与收入动量应用于个别因素和彼此结合情况下的获利能力。他们对 1974—2007 年美股的数据进行了分析，根据一般方式衡量过去股票回报的价格动量。他们还根据历史盈余和收入数据测算了盈余与收入的动量。利用做多或做空的策略，作者发现价格动量平均获利最大，盈余动量紧随其后，最后才是收入动量。可是，三种动量策略都不具备支配性优势，这意味着每种策略都含有某种程度的独享信息。作者把所有三个因素都按照排序而划分为五等分，然后匹配彼此的最高等分，再做双重安排。利用三种因素之中的两种做双重安排，据此构建的避险投资组合，其绩效平均而言胜过单一排序投资组合。根据三种因素的三种排序而构建的投资组合，绩效又胜过所有的双重排序投资组合。收入与盈余动量结合在一起，大约只能解释价格动量效应的 19%，所有价格动量是其中最重要的因素。整体证据表明，结合过去回报、盈余与收入动量的策略，绩效将胜过单一或两重因素的策略。由于这套方法采用盈余和收入的信息，所以只适用于个股，而不适用于其他资产类别。

加速动量

陈和余（Chen and Yu，2013）的论文《投资人注意、视觉价格型态与动量投资》（Investor Attention，Visual Price Pattern，and Momentum Investing）中检验了过去的股票价格呈现动量加速而吸引投资人注意，进而导致过度反应，强化动量效应的视觉型态。

作者使用美股 1962—2011 年的数据，针对每日回报与时间平方进行线性回归，来决定价格轨迹的曲度。正数系数代表价格轨迹呈现凸曲度，负数系数代表价格轨迹呈现凹曲度。

根据曲度对股票进行排序，他们发现凸曲度的加速向上的正数动量股票的毛回报与三因素 α，显著高于凹曲度正数动量股票的毛回报。作者强调，忽略价格轨迹呈现凹曲度的正数动量股票，是赚取较高动量回报的关键所在。

多彻蒂和赫斯特（Docherty and Hurst，2014）使用类似方法对澳洲股票市场 1992—2011 年的数据进行了检验。他们检验的是最近绩效相对于 12 个月期几何平均回报率的斜率。他们称这种较短期的相对绩效为“趋势凸度”。针对趋势凸度与传统动量进行双重排序，作者发现，两者结合之后，绩效显著优于传统动量。不论是曲度还是趋势凸度的加速动量，除了可以运用于个别股票之外，也都适用于股价指数与其他资产。

➤ 崭新动量

陈、卡丹和科斯（Chen，Kadan and Kose，2009）的“崭新动量”把“崭新赢家”定义为过去 12 个月内最强而且在更早 12 个月内则相对疲弱的股票。反之，“陈旧赢家”则定义为两个期间都最强的股票。对于 1926—2006 年期间的美国股票，把第 1 个月到第 12 个月的相对价格强度划分为五等分，然后进行双重排序，他们发现崭新赢家的表现胜过陈旧赢家，每个月的幅度达 0.43%。除了个别股票外，我们很容易将这种崭新方法套用于股价指数与其他资产。

➤ 全球平衡式动量

在前面章节提过，除了 GEM 模型之外，双动量还有其他使用方式。以下是在双动量模式下衍生出来的两种套利模型。

双动量的最简单的衍生，是本书第八章曾谈及的专给保守投资人使用的配置：永久性持有70%GEM与30%美国整体债券。可是，此处介绍的不是永久持有美国整体债券的固定收益组合，而是使用双动量挑选下列替代性固定收益工具：巴莱克资本美国长期公债、美林银行-美林全球公债、美国银行-美林美国现金支付高值利率债券，以及90天期美国国债。

我把这种双动量全球股票/债券策略称为“全球平衡式动量”（Global Balance Momentum，GBM）。GBM中70%配置的股票投资组合与GEM相同，固定收益部分仍然永久配置30%资产，不过这部分是运用双动量在上段所述的替代性固定收益工具中选择。换句话说，当股市不景气时，GBM的股票部分和固定收益部分，将有可能持有前一段提到的任何替代性固定收益工具，这完全取决于它们当中谁在回溯期间内表现卓越。

与传统的股票/债券平衡式投资组合相比，GBM具有显著优势。对1900年以来的11个10年期，典型的60%股票/40%债券投资组合在其中的7个10年期，平均回报率几乎赶不上通货膨胀的节奏。过去114年来，大约有1/4的时间，典型60％股票/40％债券组合的10年期滚动实际回报为负。严重而漫长的损失更是常见，包括－60％与－55％在内。

表9.4与图9.2比较了GBM与其他方法（70％GEM/30％美国整体债券、70％ACWI/30％美国整体债券、60％标普500/40％美国整体债券）的绩效，结果显示，将双重动量应用于固定收益投资，可以显著提升保守型70％GEM/30％美国整体债券投资组合的年度回报，幅度高达150多个基点。与传统的60％股票/40％债券平衡式组合相比，GEM的夏普率为2倍，最大回撤只有一半。所以，与传统平衡式投资相比，GBM的期望回报较高，风险较低。另外，GBM的最大回撤显著减少，而且这不必增加债券原有30％的配置比例。

表9.4　　全球平衡式动量与对标（1974—2013）

	全球平衡式动量	70％GEM/30％整体债券	70％ACWI/30％整体债券	60％标普500/40％整体债券
年度回报率	16.04	14.52	8.59	10.58
年度标准差	10.06	9.50	11.37	10.15
年度夏普率	0.98	0.90	0.28	0.49
最大回撤	－16.83	－15.46	－45.74	－32.54

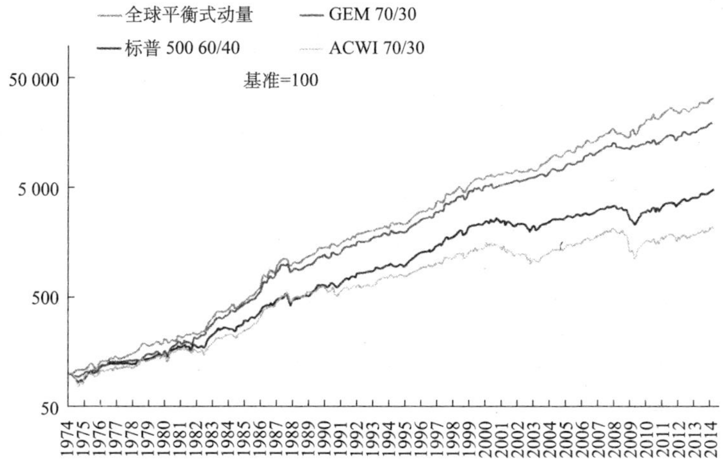

图 9.2　全球平衡式动量（1974—2013）

双动量行业板块轮动

莫斯科维茨和格林布拉特（Moskowitz and Grinblatt，1999）认为，行业成分是股票动量获利的主要来源，动量获利得以弥补行业风险。他们构建与行业相关的动量策略，提供类似于个别股票动量策略的平均月份回报。与个别股票动量相比，动量更容易用于行业或者相关行业构成一类股票，而且交易成本也会大大降低。

我偏爱的双动量策略，是挑选美国股票市场表现最强劲的这类股票做轮动操作。晨星把美国股票划分为 11 个没有交叉的类别：科技、工业、能源、通信服务、房地产、金融服务、消费、基本材料、公用事业、消费者防御与医疗保健。

我们可以运用双动量挑选表现最佳的行业股票的等加权的一篮子投资组合，我称它为“双动量行业板块轮动”（Dual Momentum Sector Rotation，DMSR）模型。根据绝对动量的衡量方式，当美国股票市场处于下降趋势时，DMSR 就把所有资产转移到巴克莱资本美国整体债券指数。表 9.5 与图 9.3 比较了 DMSR 与其他方法（标普 500、等权重行业股票组合、77%等权重行业股票/23%美国整体债券），比较期间从 1992 年 1 月开始，这是晨星开始对美国股票划分行业的日期。行业股票每月重新平衡可以让标普 500 之外的所有投资组合取得某种回归均值的收益。

表 9.5　　双动量行业板块轮动与对标

	双动量行业板块轮动	标普 500	行业等权重	等权重/整体债券
年度回报率	17.93	10.49	11.45	10.17
年度标准差	12.24	14.91	13.36	10.39
年度夏普率	1.13	0.48	0.60	0.66
最大回撤	−17.21	−50.95	−47.50	−37.83

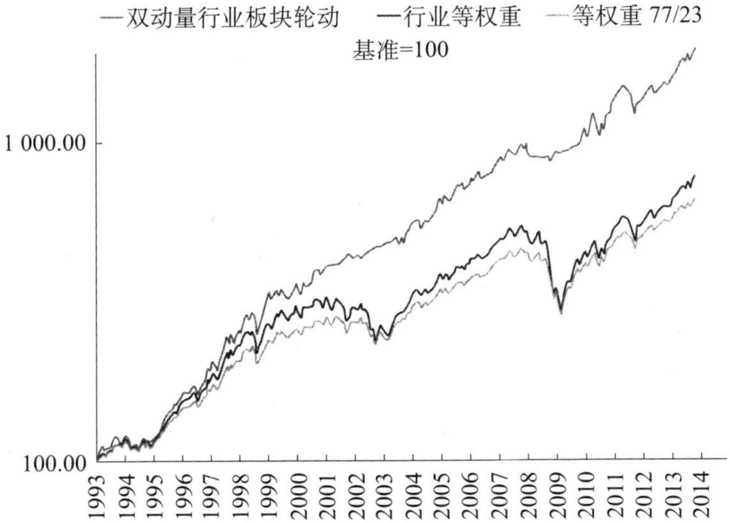

图 9.3　双动量行业板块轮动（1993—2013）

图 9.4 显示了 DMSR 如何受惠于绝对动量与相对动量。我们知道，与相对动量相比，绝对动量提供更高的回报，以及显著较低的损失。双动量行业板块轮动策略使用绝对动量于 11 种等权重行业板块的轮动操作而取得较高回报，并降低损失，有时候也使用相对动量提高回报。另外，在股票市场头部形成之前，DMSR 也可以使用防御类股票（比如，消费类、公用事业类）而降低投资组合的风险。一般来说，市场头部形成之前，在顺势操作绝对动量开始生效而结束所有股票头寸之前，这些防御类股票的表

现通常不错。

图 9.4 行业轮动、绝对动量与相对动量（1993—2013）

现在怎么做？

双动量有很多种应用方式。绝对动量能够降低风险，让我们可以投入到类似美国股票等能够提供较高风险溢价的市场，而不是致力于分散投资程序，因为这些程序是否能够降低价格波动与减低损失，也颇让人怀疑。我虽然开发了一些更精致的动量模型，但第八章介绍的 GEM 模型，对于大多数投资人来说，已经够用了。这是一套既简单又容易操作的系统，而且没有受到过度套入而产生偏误的影响。关于我的三套双动量模型（全球股票动量 GEM、全球平衡式动量 GBM 和双动量行业板块轮动模型）相关的月份更新资料，都可查询：http：//www. optimalmomentum. com/performance. html。

第十章

结论

什么？我担心？

——阿尔弗雷德·纽曼（Alfred E. Neuman）

凯恩斯曾经说过，“如果经济学家能够设法使自己像牙医一样谦卑而谨慎地看问题，那就太好了。”我对牙医了解不多，但沃伦·巴菲特也曾说过，“尽管全职专家，比如牙医，可以给自己的顾客带来很多收获。但从总体来看，专业的基金经理却没让基金投资者赚到钱。”

遗憾的是，我已经太老了，没法再去攻读牙医专科。退而求其次，我搞出了双动量投资策略。这一发现很有意思，而且也让我颇有收益。

尤金·法玛说过，开发模型是为了让人更好地了解市场。对我而言，双动量当然就是这样的一个模型例子。

达尔文曾写道，“物种中得以存活下来的，既不是最强者，也不是最聪明者，而是最能适应变化者。”双动量就是最能适应变化的。相对动量随时在不断挑选业绩最佳的资产。绝对动量通过适应市场变化而随着市场律动。适应市场确保我们取得长期成功与最终存活下来。

根据老子哲学，管理任何事情的最佳方法就是顺其自然。双动量正是顺应市场变化动态调整头寸，同时利用投资者的行为偏差，获取相对较高的投资回报。华尔街有一句众所周知的谚语：牛市翻越胆战心惊之墙。采用双动量后，就应该说：不必胆战心惊，尽管兴高采烈吧！双动量唯一需要做的就是遵循预设模型。

➤ 旧的投资方式

最初，个人投资者根据分析师的预测来做投资决策，这是一种很幼稚的、旧的投资方式。沃伦·巴菲特对此也有评论：股票预测师存在的唯一价值就是给风水先生垫底。这也让我想起斯特金（Sturgeon）法则："90%都是扯淡"。个人投资者经常频繁交易，多元化不足，遭受许多常见的行为偏差之害。

如果让积极管理型专业投资者替你投资，那就需要支付高昂的费用，同时还面临过度交易和使个人投资者深受其害的一些行为偏差。

旧的投资范式也通过固定收益资产来减缓投资组合的价格波动与损失。过去 30 年债券市场处于牛市，这种做法确实有效；但是今天，再这样做就不靠谱。风险平价（risk parity）虽然降低了股票价格波动的风险，却引来了其他风险；目前正处于低利率时期，如果这样做，恐怕不合时宜。

过度多元化的预期收益或许令人失望。由于其缺乏适当的风险溢价，通常收益会表现平平。正如沃伦·巴菲特所言，"多元化可以保护财富，而集中会创造财富。"

只要留意学术研究成果，就会发现价值与小型股投资已经不再具有获取异常回报（abnormal profits）的机会。精明贝塔也大抵如此，因为它毕竟也不很精明。

利用旧的投资方式，投资者如果想要获得最佳成功机会，只有采用低成本的被动管理型指数基金，这也正是投资大师沃伦·巴菲特、嘉信理财、约翰·伯格、伯尼·麦道夫等的推荐。可是，被动指数型基金仍然受制于大幅度的市场走低。这同样可能触发投资情绪的过度反应，导致投资者在不恰当的时候，做出不恰当的选择。

➤ 新的投资范式

相对于旧的、误打误撞的投资方式，新的双动量投资范式让我们与市场和谐共处。它的理念简单明了，贴近现实，便捷有效。

投资者原本想使其长期财富最大化，但由于厌恶短期风险，太过强调短期回报的波动，因而持有了太多不该持有的债券。这种对股票风险的厌恶导致了股票具有较高的风险溢价。

使用双动量，我们可以放心持有更多的股票，尤其是美国股票，以获取较高的风险溢价回报。我们仍然会持有期望回报较低的固定收益投资工具，但主要是在股票市场疲软时持有，这个时候债券可以获得较高的回报。

新的投资方式采用相对强度动量，利用跨市场趋势，提高回报。更为重要的是，我们的投资新方式也采用绝对动量，以确保投资处于正的绝对动量，减低相对动量无法处理的大额损失。

相对动量和绝对动量的完美结合，使得整体投资组合获得较高的期望回报，承担较低的期望风险。双动量策略帮助投资者避免其他投资方式难以避免的情绪和行为偏差。事实上，这套方法允许我们利用这些偏差，而不是让它们给我们带来损害。

➤ 动量的持续效果

使用过去200年的所有市场和资产种类的数据进行验证，动量策略都有优异的回报表现，这意味着动量异象绝非暂时现象。既然双动量如此有效，未免会让人想知道，如果有更多的人使用，是否会逐渐失效。当然，任何异象一旦被发现并广泛使用，势必会在某种程度上失效。但是，双动量背后的行为偏差，是如此的根深蒂固，本性难移。还有，由于思维惯性和无视，大多数人不太可能突然醒悟而成为双动量的积极践行者。所以，我们相信，许多投资者在交易时一时仍与双动量作对，而不是积极利用它。

下面有个例证，积极管理型基金的回报明显不如被动管理型基金，很大程度上是因为积极管理型基金的费用较高。投资者多年前就对此了然于心，时至今日依然有 70% 的基金投资者属于积极管理型投资。同样，ETF 在很多方面都胜过共同基金，比如它盘中流动性较好，费率较低，享受税收优待等。然而，投资于 ETF 的资金仅有 1.62 兆美元，远不及共同基金的 14.8 兆美元。

动量很可能也存在这种矛盾。听我仔细介绍过双动量的某些投资者，依然不认同双动量是一种“重要异象”，仅将其看作“市场补缺策略” （niche），而不是核心（core）投资策略。这或许出于多种原因：首先，可能是因为我的沟通能力不够（但愿购买此书的读者不要这么想）。其次，对于新生事物，总是普遍存在锚定与守旧的行为偏差。投资人不能立即去学习新生事物，总是宁愿守旧。再次，有些人怀疑顺势操作策略的效果，包括绝对动量。最后还有，人们通常需要花费一些时间和精力，才能真正了解和体会到双动量的优势。我希望这本书对你有所帮助。对于舍得花费时间且付出努力的读者，应该能够胜过其他大多数投资者。

➤ 挑战与机遇

毫无疑问，将来的某段时间，双动量的表现会不如对照基准。在这样的时期，投资人千万不可罔顾大局，做出一些可能损害长期收益的事情。双动量的投资者将来需要面对的主要挑战，可能是他们自己遵循这一模型的主观意愿、耐心和铁律。人之本性就是，明知道无用，也喜欢对事情修修补补。遗憾的是，由于过度自信，我们经常会高估自己的想法，因此，很多“改善”最终以适得其反的效果而告终。

格鲁夫等人（Grove et al.，2000）针对 136 篇文章做了一项荟萃分析（meta-analysis，也称为元分析），也就是针对以往的研究进行的系统的定量研究。这些文章横跨各种专业领域，都是分析数量模型与专家判断的准确性。结果，94％的研究结果显示模型胜过专家。仅有 8 篇研究显示专家判断略胜数量模型，而且是由于专家获取了模型没有的其他信息。相反，即使专家知道了模型的结果，也仍然难以胜过模型。所以，计量模型已经成为天花板而不是地板。格鲁夫等人认为，“人类在临床诊断方面很容易犯错。这包括忽视基本比率（ignoring base rates），期初分配非最佳权重（assigning nonoptimal weights to cues），没有考虑回归均值（failure to take into account regression toward the mean），不能适当考虑协方差（failure to properly assess covariation）。”

詹姆斯·西蒙斯（Jim Simons）是一位亿万富豪，他成立了复兴技术与大奖章基金（Renaissance Technologies and Medallion Fund），算得上是当今世界上最顶尖的系统交易者之一。2013 年，他通过自己的对冲基金使个人财富增加了 22 亿美元。西蒙斯说，“如果你打算采用模型交易，就应该盲目地使用模型。不管你认为模型多么愚蠢或者多么精明，你都应该严格地遵从模型。”

根据我使用双动量经验可知，固守一个业已经过检验，能够成功适应各个市场的模型非常重要。我也意识到，我没有任何办法战胜动量策略，唯有将其看作我最好的朋友。

理查德·德莱豪斯（Richard Driehaus）说：“股市就像女人。你必须听从她，回应她，并且尊重她。”听起来容易做起来难。不信你去问问我的前妻。

双动量提供了一个做事的框架。它有助于我自信而恰当地回应市场，当然对你也一样有帮助。就像维克多·雨果所言，“未来有很多名字。对于弱者，未来叫作不可能。对于胆怯者，未来就是未知。对于勇敢者，未来就是机会。”我祝愿各位双动量旅程一帆风顺。

启程了！

采用动量就如同乘坐上奔向金山银山的高速专列。这次旅行，我们乘坐的是股票号（Equities Special）高速专列。如果它被其他更快的列车超越，我们就跳上那辆列车，继续全速前行。有时候，所有的股票列车都停车，甚至开倒车。遇到这种情况，我们就要转乘绿皮火车“国债”号。它的速度虽然很缓慢，但很稳当。等到股票号高速专列又开始快速前进，我们再回去，坐享美好旅程。

踏上幸福旅程，我们快速超过沃比冈湖飞鸟号（Lake Wobegon Flyer），这次列车里乘坐着几位互不服气的前共同基金的经理。我们又加速超过了买进-持有号列车（Buy and Behold Line），车内高效的列车长正在边走边喊："该死的列车，给我全速前进！"如果他驾驶帆船行驶在风平浪静的海面，这么做或许可行。但列车现在是行驶在高低起伏的山区，这样可能会让乘客无法忍受。

我们开过列车调度场，看到很多昂贵的避险号列车残骸，还有在原地打转的多空兼做号列车。商品号列车（Commodities Caboose）也正颠簸在路上，因动力不足而远远落后。我们又超越了精疲力竭的期货号列车（Managed Futures Limited），旁边还站着具有钢铁般意志的约翰·亨利和保罗·都铎·琼斯。

最后，我们来到了但丁车站（Dante's Station），霓虹广告牌上写着："放弃所有希望，你到了！"高音喇叭里播放着《年少轻狂》（"Dazed and Confused"）。我们对着坐拥财富而无所事事的一群可怜的家伙唱道：

现在，请倾听叮当声、隆隆声和轰鸣声，
它正在穿过森林，越过海洋，
看那强大无比的引擎，听那清脆悦耳的铃声，
正是我们乘坐的双动量列车，在快速而舒适地飞奔。

附录 A

全球股票动量（GEM）是以规则为基础、将绝对动量与相对动量应用于以下指数的一种投资方法，这些指数包括：标普 500、MSCI 所有国家世界指数（不含美国，MSCI All Country World ex-US；1998 年之前采用 MSCI 世界指数，不含美国，MSCI World ex-US）以及巴克莱资本美国整体债券指数（Barclays Capital U.S. Aggregate Bond）。GEM 每个月都重新调整。你不能直接投资 GEM。投资回报不代表实际基金和投资组合的回报。所有回报都是总回报，包含利息与股息再投资回报，但不反映可能发生的管理费、交易成本和其他费用。历史数据及分析不能保证未来的回报。

表 A.1 全球股票动量(GEM)按月汇报

	1月	2月	3月	4月	5月	6月	7月	8月	9月	10月	11月	12月	GEM年度	标普500年度
1974	0.4	0.3	−2.5	−1.9	0.8	−2.3	−0.4	−1.4	1.9	4.3	1.0	0.2	0.2	−26.5
1975	4.0	1.7	−1.9	−1.1	2.3	4.8	−6.4	−1.8	−3.1	6.5	2.4	−0.8	6.0	37.2
1976	12.2	−0.8	3.4	−0.8	−1.1	4.4	−0.5	−0.2	2.6	−1.9	−0.4	5.6	23.9	23.9
1977	−4.7	−1.8	0.7	0.9	0.7	1.4	−0.1	1.0	0.0	−0.5	0.9	−0.4	−2.1	7.2
1978	−0.2	0.4	0.3	0.1	−0.5	4.5	1.1	2.1	3.0	5.8	1.0	−1.0	17.8	6.6
1979	1.9	−0.5	2.3	−0.4	−2.1	2.2	1.2	−0.3	0.4	−6.4	4.8	2.1	5.0	18.6
1980	6.2	0.0	−9.7	11.3	4.7	3.2	−0.5	1.0	2.9	2.0	−2.0	−3.0	15.7	32.5
1981	−4.2	1.7	4.0	−1.9	0.3	0.6	0.2	−2.1	−0.1	5.9	8.5	−3.7	7.4	−4.9
1982	0.6	2.0	1.3	2.8	1.6	−1.6	4.3	5.5	4.0	5.3	4.0	1.9	36.5	21.5
1983	3.7	2.3	3.7	7.9	−0.9	3.9	−3.0	1.5	1.4	−1.2	2.4	4.2	28.7	22.6
1984	4.5	0.9	9.4	−0.2	−3.1	1.3	4.5	1.7	2.4	4.2	1.8	1.5	32.3	6.3
1985	2.3	1.2	0.1	−0.1	5.8	1.6	−0.1	3.2	5.9	6.8	4.1	4.8	41.5	31.7
1986	2.5	11.1	14.1	6.6	−4.4	6.8	6.2	9.9	−1.0	−6.7	5.8	5.3	69.9	18.7
1987	10.6	3.0	8.2	10.6	0.0	−3.2	−0.2	7.5	−1.6	−14.0	1.0	1.4	23.0	5.3
1988	3.5	1.2	−0.9	−0.5	−0.7	2.4	−0.5	0.3	2.3	1.9	5.6	0.6	15.9	16.6

续前表

	1月	2月	3月	4月	5月	6月	7月	8月	9月	10月	11月	12月	GEM年度	标普500年度
1989	2.0	0.4	−1.7	5.2	4.0	−0.6	9.0	2.0	−0.4	−2.3	2.0	2.4	23.8	31.7
1990	−6.7	1.3	2.6	−2.5	9.8	−0.7	−0.3	−1.3	0.8	1.3	2.2	1.6	7.4	−3.1
1991	1.2	7.2	2.4	0.2	4.3	−4.6	4.7	2.4	−1.7	1.3	−4.0	11.4	26.6	30.5
1992	−1.9	1.3	−1.9	2.9	0.5	−1.5	4.1	−2.0	1.2	0.3	3.4	1.2	7.6	7.6
1993	0.8	1.4	2.1	−2.4	2.2	−1.2	3.3	5.4	−2.1	3.6	−7.6	7.8	13.2	10.1
1994	8.2	−0.8	−4.6	−0.8	0.0	0.7	2.0	3.4	−2.5	−0.1	−0.2	0.7	5.7	1.3
1995	2.0	2.4	3.0	2.9	4.0	2.3	3.3	0.3	4.2	−0.4	4.4	1.9	34.8	37.6
1996	3.4	0.9	1.0	1.5	2.6	0.4	−4.4	2.1	5.6	2.8	7.6	−2.0	23.0	23.0
1997	6.2	0.8	−4.1	6.0	6.1	4.5	8.0	−5.6	5.5	−3.3	4.6	1.7	33.4	33.4
1998	1.1	7.2	5.1	1.0	−1.7	4.1	−1.1	−14.5	6.4	8.1	6.1	5.8	28.6	28.6
1999	4.2	−3.1	4.0	3.9	−2.4	5.5	−3.1	−0.5	−2.7	3.7	2.0	9.5	22.1	21.0
2000	−5.4	2.7	3.8	−5.6	−2.6	4.3	−3.9	1.2	−5.3	−0.4	1.6	1.9	−8.2	−9.1
2001	1.6	0.9	0.5	−0.4	0.6	0.4	2.2	1.1	1.2	2.1	−1.4	−0.6	8.4	−11.9
2002	0.8	1.0	−1.7	1.9	0.8	0.9	1.2	1.7	1.6	−0.5	0.0	2.1	10.3	−22.1
2003	0.1	1.4	−0.1	0.8	1.9	−0.2	−3.4	2.0	2.8	6.5	2.2	7.6	23.3	28.7

续前表

	1月	2月	3月	4月	5月	6月	7月	8月	9月	10月	11月	12月	GEM 年度	标普500 年度
2004	1.6	2.5	0.6	−3.1	0.3	2.2	−2.9	0.8	3.2	3.5	6.9	4.3	21.4	10.9
2005	−1.7	4.9	−2.7	−2.5	0.6	1.9	3.7	2.6	5.2	−3.6	3.4	4.8	17.1	4.9
2006	7.0	−0.3	2.9	5.2	−4.6	−0.1	1.0	2.8	0.1	4.1	3.6	3.1	27.2	15.8
2007	0.4	0.6	2.8	4.6	2.7	0.9	−0.3	−1.5	6.6	5.6	−4.5	−1.4	17.1	5.5
2008	−9.7	0.1	0.3	−0.2	−0.7	−0.1	−0.1	0.9	−1.3	−2.4	3.3	3.7	−6.5	−37.0
2009	−0.9	−0.4	1.4	0.5	0.7	0.6	1.6	1.0	1.1	0.5	2.9	2.1	11.6	26.5
2010	−4.9	0.0	6.9	−0.8	−10.4	−5.2	7.0	−4.5	8.9	3.8	0.0	6.7	5.5	15.1
2011	2.4	3.4	0.0	3.0	−2.8	−1.4	−2.0	−5.4	−7.0	10.9	−0.2	1.0	0.7	2.1
2012	4.5	4.3	3.3	−0.6	−6.0	0.0	1.4	2.3	2.6	−1.9	0.6	0.9	11.4	16.0
2013	4.1	1.4	3.8	1.9	2.3	−1.3	5.1	−2.9	3.1	4.6	3.1	2.5	31.0	32.4

附录 B

绝对动量

——一种以规则为基础的简单投资策略或顺势操作的普适辅助策略

摘要

相对强度价格动量的相关研究很多，但绝对动量，也就是时间序列动量的研究就远远不够。在本文中，我们探讨绝对动量的实操。首先讨论唯一的参数——形成期间或回溯期间。然后，我们考察绝对动量应用于股票、债券和不动产投资时的回报、风险及其特征。最后，我们将绝对动量应用于六四开（60/40）的股票和债券的投资组合，以及简单的风险平价投资组合。我们发现，绝对动量能够有效识别市场基本变动，它作为一种简单易行，以规则为基础的方法，具有重要价值。无论单独使用，还是作为顺势策略的辅助方法，都具有广泛的潜在用途。

➤ 前言

动量效应是最显著、最流行的金融现象之一（Jegadeesh and Titman，1993，2001）。研究者已经证实了应用于多重资产类别以及各种资产组合的价值（Blitz and Van Vliet，2008；Asness，Moskowitz and Pedersen，2013）。自从发表以来，相对强度动量的效果不仅可以在样本外往前推进（Grundy and Martin，2001；Asness et al.，2013），也可以回溯到1801年（Gecay and Samonov，2012）。

相对强度动量是一项资产相对于其同类资产的业绩可以预测其未来的相对业绩。除了相对动量之外，动量也可以在绝对或者时间序列的基础上使用，也就是利用资产本身过去一段时间的回报来预测未来回报。使用绝对动量只需观察某项资产在回溯期间内的超额回报。根据绝对动量，资产后续月份的回报与其过去 1 年期的超额回报之间，存在显著的正的自协方差（Moskowitz，Ooi and Pedersen，2012）。

因此，绝对动量在本质上是一种趋势操作。总体来看，趋势操作方法难以得到认同，也不易被学界所接受（Brock，Lakonishok and LeBaron，1992；Lo，Mamaysky and Wang，2000；Zhu and Zhou，2009；Yang and Zhou，2011）。

绝对动量和相对动量一样稳健且广泛适用。在极端市场环境下，跨资产类别（商品、股票、债券、外汇等）都表现不错，即使在世纪之交也表现很好（Hurst，Ooi and Pedersen，2012）。

尽管过去 20 年内对动量的研究很多，但没有人知道它为什么有效。布朗和詹宁斯（Brown and Jennings，1989）使用技术分析法，利用历史价格开发了一套以理性均衡为基础的模型。最近，周和朱（Zhou and Zhu，2014）利用类似绝对动量的趋势交易操作规则提供的风险分担函数，发现了均衡回报。

然而，对动量和趋势操作能够获利的最常见的解释，多和以下行为因素有关，如锚定效应、羊群效应、处置效应等（Tversky and Kahneman，1974；Barberis，Shleifer and Vishny，1998；Daniel，Hirshleifer and Subrahmanyam，1998；Hong and Stein，1999；Frazzini，2006）。

由于锚定效应，投资人对新消息的反应迟钝，会造成初期反应不足。在初期的反应不足之后，由于羊群效应，会造成跟风超买，进而造成价格虚高，超过基本价值。由于处置效应的存在，投资者往往过早卖掉赢家，而持有输家的时间过长。这就形成逆风效果，使得趋势在接近真实价值的路上花费更长时间。

行情下行时卖出，上涨时买入的风险管理理念，同样会造成趋势持续（Garleanu and Pedersen，2007）。同样，由于认识偏差，投资人会把最近的价格走势看作未来的价格走势。所以，投资人会把资金转移到最近表现最好的投资工具上，导致趋势得以继续（Tversky and Kahneman，1974）。行为偏差根深蒂固，这也许可以解释动量获利为何一直存在，而且还将继续存在。

在本文中，我们将重点讨论绝对动量，因为该方法较为简便，而且，对于做多的投资者更有优势。我们可以将绝对动量应用于任何一项资产或者几项资产的投资组合，并且不会损害其他资产的价值贡献。反之，如果使用相对强度动量，就会剔除或减少积极管理型投资组合中某些资产的影响。这有可能减少多重资产分散投资的效果，而且被剔除的回报不佳的资产，也可能突然开始有好的表现，结果让投资者错失机会。

绝对动量的第二个优点是，它可以有效降低下行价格波动风险，也可以识别市场基本变化。虽然相对动量和绝对动量都能提高回报，但绝度动量还可以有效降低只做多投资的下行风险，这一点和相对动量有所不同（Antonacci，2012）。

本文下一部分将讨论说明绝对动量所使用的方法和数据，紧接着会讨论绝对动量的形成期间，然后再讨论绝对动量在各种市场的使用，及其回报、风险和相关性质的影响，并且与买进-持有策略进行比较。最后，我们利用绝对动量构建两种具有代表性的投资组合：六四开（60/40）平衡式股票债券投资组合和简单分散的风险平价投资组合。

数据与方法

除非有特别说明，所有的月份资料，包括利息与股利在内，都起始于 1973 年 1 月。股票部分的数据，我们使用 MSCI 美国指数与 MSCI EAFE 指数。这些都是大型股与中型股自由浮动调整后的市场资本加权指数。对于固定收益部分，我们采用巴克莱资本美国长期国债、美国中期国债、美国信用债券、美国高息公司债、美国政府与信用债，以及美股综合债券等指数。高息指数开始于 1983 年 7 月 1 日，综合债券指数开始于 1976 年 1 月 1 日。1976 年 1 月以前，我们使用美国政府与信用债取代综合债券指数，因为这两者的走势非常接近。对于国债部分，我们使用美国 90 天期国债的月份回报；对于不动产部分，我们使用 FTSE NAREIT U. S. Real Estate 指数与标普的 GSCI（高盛商品指数），黄金的月份回报是根据伦敦市场月底的下午收盘价来决定。

虽然绝对动量有更复杂的定义方法（Baltas and Kosowski，2012），但我们的策略是采用简单定义，即当回溯期间的超额回报（资产回报减去国债回报）为正数，绝对动量就定义为正；在此期间，我们就持有所选资产的多头。一旦绝对动量转负（超额回报为负），我们就结束所持资产的多头，换持 90 天期限的美国国债，直到绝对动量再度转正数为止。换句话来讲，国债市场是市场遭受重压时期的资金安全港。

我们需要每月对投资头寸进行重新评估和调整。每年进、出国债的次数可能低到 0.33REITs，也可能高至 1.08 高息债券。每次向国债的转换都需要扣 20 个基点的交易成本。最大回撤定义为从峰顶到谷底的最大折返幅度，以月底数据为准。

形成期间

表 B.1 显示了回溯期间为 2～18 个月的夏普率。除了高息债券数据从 1983 年 7 月开始外，其他数据是从 1973 年 1 月开始的，我们考虑的回溯期间最长是 18 个月，因此结果是从 1974 年延伸到 2012 年 12 月。每种资产的最高夏普率用阴影标示出来。用阴影标示出来的最佳结果大部分集中在 12 个月的回溯期间。为了进一步验证这一点，我们把 1974—2012 年的数据划分为每期 10 年的子样本，寻找每种资产在 10 年期子样本里的最高夏普率。图 B.1 显示了整个回溯期间内所有 10 年期夏普率最高的次数分布。

表 B.1　　形成期间的夏普率

回溯期间	18	16	14	12	10	8	6	4	2
MSCI U.S.	0.41	0.43	0.45	0.56	0.46	0.44	0.41	0.38	0.23
EAFE	0.33	0.32	0.35	0.41	0.45	0.32	0.38	0.36	0.46
国债	0.40	0.42	0.45	0.54	0.38	0.36	0.33	0.42	0.40
信用债	0.75	0.80	0.70	0.74	0.80	0.81	0.69	0.71	0.66
高息债	0.70	0.87	0.82	0.92	0.66	0.69	0.82	0.77	0.77
REIT	0.65	0.71	0.72	0.69	0.63	0.63	0.87	0.68	0.63
GSCI	0.04	0.04	0.09	0.20	0.09	−0.08	−0.11	0.13	0.06
黄金	0.39	0.35	0.35	0.42	0.39	0.37	0.32	0.30	0.21

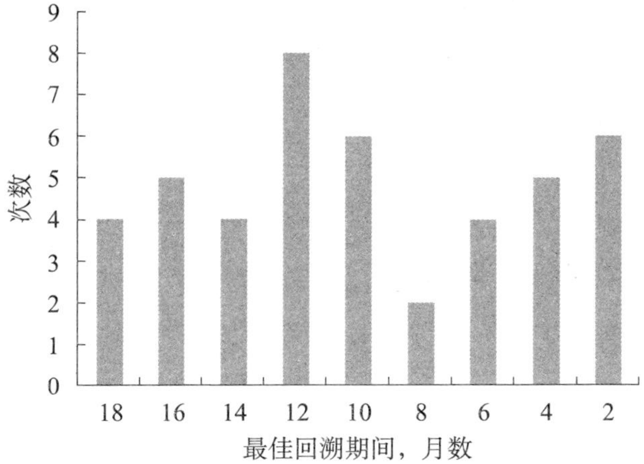

图 B.1　最佳回溯期间（1974—2012）

无论就整体还是分期来看，其结果都符合相对动量的最佳形成期间，为 3～12 个月，主要集中在 12 个月（Jegadeesh and Titman，1993）。许多研究动量的论文都以 12 个月作为形成期间，头寸持有期间为 1 个月，作为研究的基准策略。由于大多数研究都采用 12 个月，我们的基准策略也选择 12 个月作为形成期间。这样应该可以尽可能地降低交易成本和数据挖掘的风险。

➤ 绝对动量的性质

表 B. 2 显示了每种资产在应用绝对动量和无绝对动量的情况下的回报情况，以及所有资产在有绝对动量和无绝对动量的情况下的回报中位数情况。数据期间也是从 1974 年 1 月到 2012 年 12 月。

表 B. 2　　绝对动量结果（1974—2012）

	年度回报率	年度标准差	年度夏普率	最大回撤	月份获利（%）
MSCI US 绝对动量	12.26	11.57	0.55	−22.90	75
MSCI US 无动量	11.62	15.74	0.37	−50.65	61
EAFE 绝对动量	10.39	11.82	0.39	−25.14	78
EAFE 无动量	11.56	17.53	0.33	−56.40	60
国债绝对动量	10.08	8.43	0.52	−12.92	77
国债无动量	9.74	10.54	0.39	−20.08	61
信用债绝对动量	8.91	4.72	0.70	−8.70	82
信用债无动量	8.77	7.18	0.44	−19.26	67
高息债绝对动量	9.97	4.76	0.90	−7.14	88
高息债无动量	10.05	8.70	0.50	−33.31	75
REIT 绝对动量	14.16	11.74	0.69	−19.97	75
REIT 无动量	14.74	17.25	0.50	−68.30	62

续前表

	年度回报率	年度标准差	年度夏普率	最大回撤	月份获利（%）
GSCI 绝对动量	8.24	15.46	0.17	−48.93	81
GSCI 无动量	4.93	19.96	−0.02	−61.03	54
黄金绝对动量	13.68	16.62	0.46	−24.78	81
黄金无动量	9.44	19.97	0.19	−61.78	53
中位数绝对动量	10.25	11.66	0.53	−21.43	79
中位数无动量	9.90	16.48	0.38	−53.53	61

图 B.2 显示了各种资产在使用和不使用 12 个月绝对动量的情况下的夏普率。图 B.3 显示了获利月份百分比，图 B.4 显示了月份的最大回撤。在整个 38 年的期间内，只要是使用了 12 个月的绝对动量，夏普率都比较高，最大回撤都比较低，获利月份百分比也都比较大。

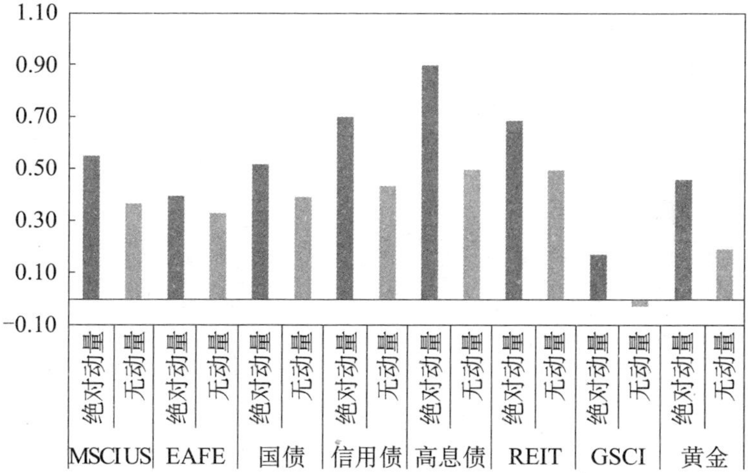

图 B.2　资产夏普率（1974—2012）

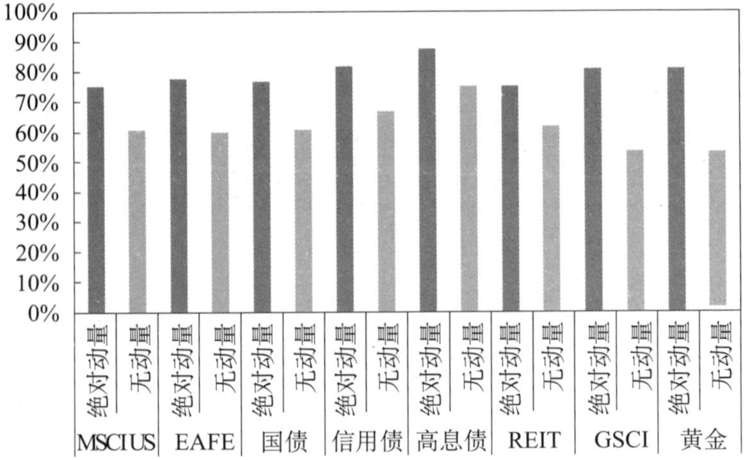

图 B.3　获利月份百分比（1974—2012）

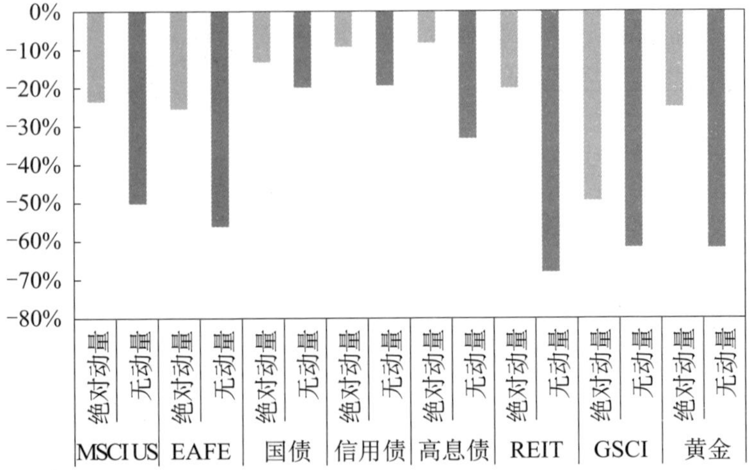

图 B.4　最大月份回撤（1974—2012）

表 B.3 显示了各种资产在运用和不运用绝对动量的情况下的相关性。无动量的情况下，8 种资产的平均相关性为 0.22；如果运用绝对动量，则为 0.21。总的来看，数据不支持运用绝对动量会导致相关性增加。这对于绝对动量应用于多种资产投资组合来说，具有积极意义。

表 B.3　　月份相关（1974—2012）

无动量

	EAFE	国债	信用债	高息债	REIT	GSCI	黄金
MSCI US	0.63	0.11	0.26	0.43	0.58	0.10	0.01
EAFE		0.03	0.12	0.37	0.48	0.18	0.19
国债			0.67	0.12	0.05	−0.10	0.01
信用债				0.40	0.15	0.04	−0.02
高息债					0.32	0.07	−0.04
REIT						0.11	0.07
GSCI							0.27

12 个月绝对动量

	EAFE	国债	信用债	高息债	REIT	GSCI	黄金
MSCI US	0.49	0.05	0.35	0.45	0.45	0.14	0.04
EAFE		0.03	0.26	0.31	0.29	0.13	0.11
国债			0.81	0.04	−0.03	−0.04	−0.02
信用债				0.38	0.28	−0.01	0.05
高息债					0.41	0.09	0.02
REIT						0.13	0.12
GSCI							0.30

此后的图 B.5 到图 B.12 显示的都是每种资产的对数

成长走势图，起始点都是 100。

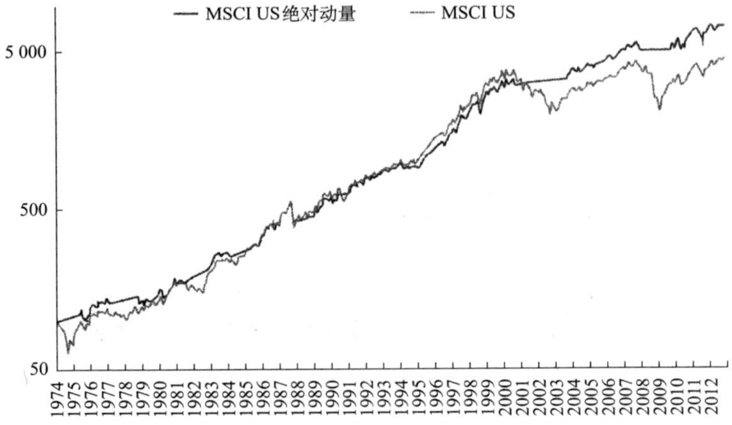

图 B. 5　MSCI US（1974—2012）

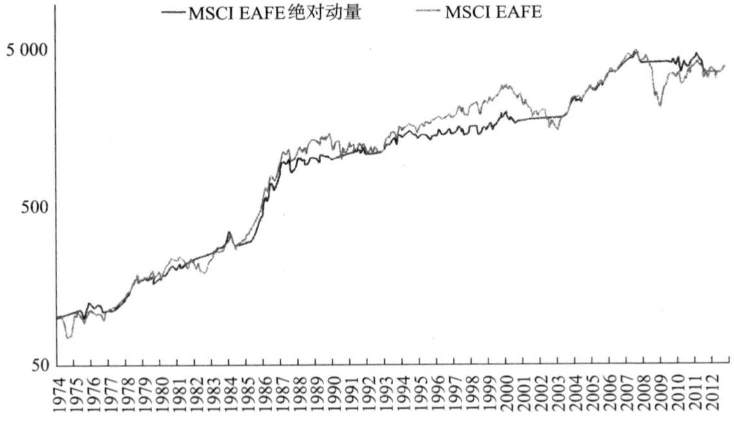

图 B. 6　MSCI EAFE（1974—2012）

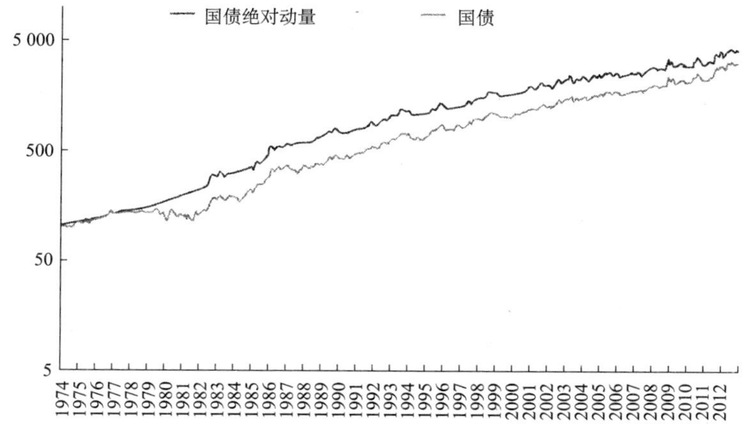

图 B.7　美国国债（1974—2012）

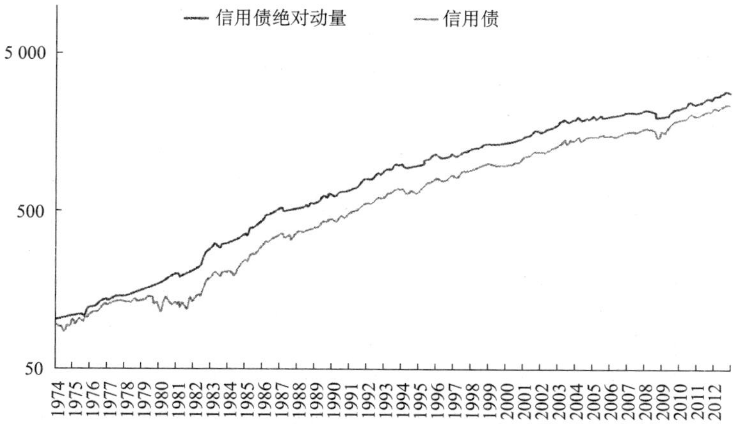

图 B.8　美国信用债（1974—2012）

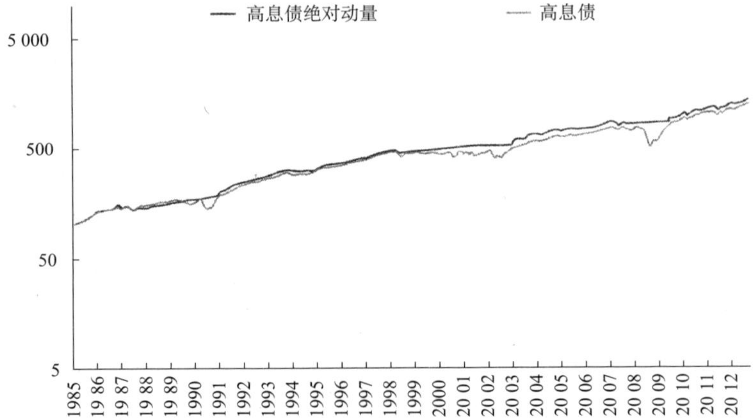

图 B.9 高息债（1984—2012）

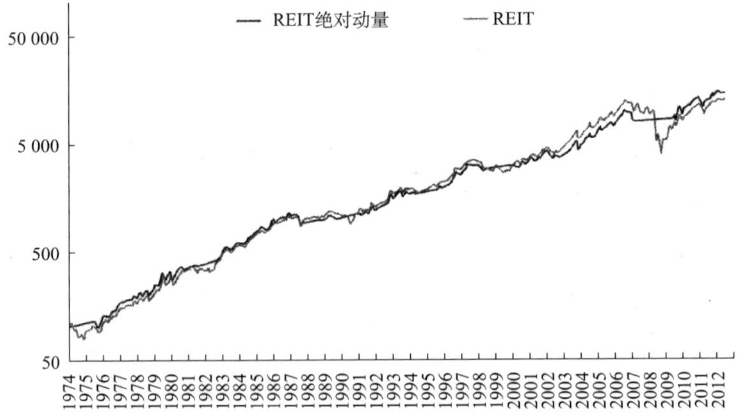

图 B.10 美国 REIT（1974—2012）

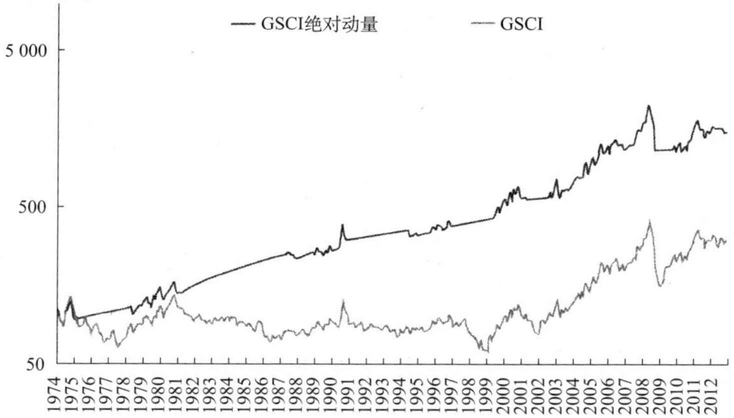

图 B. 11　标普 GSCI（1974—2012）

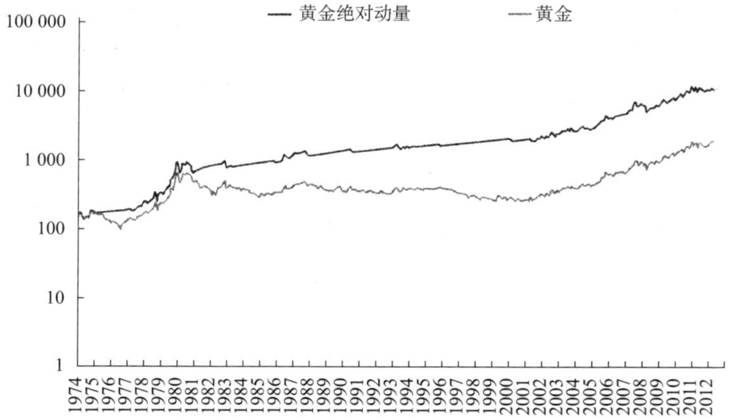

图 B. 12　伦敦黄金（1974—2012）

60/40 平衡式投资组合

既然 12 个月的绝对动量能够改善各种资产的风险调整后投资回报，那么很自然的，我们会好奇绝对动量将如何影响多项资产的投资组合。一项简单的投资组合就是 60％的股票和 40％的债券，该六四开组合是机构投资者观察 1926—1965 年股票和债券回报的基础上构建的，在 1960 年代中期被广泛采用。表 B.4 显示了 MSCI US 与美国国债指数构成的 60/40 投资组合，以及 MSCI US 指数从 1974 年以来分别使用和不使用 12 个月绝对动量情形下的回报表现。

表 B.4　　60/40 平衡式投资组合的业绩（1974—2012）

	年度回报率	年度标准差	年度夏普率	最大回撤	月份获利（％）	与标普500相关	与10年国债相关
60/40 绝对动量	11.52	7.88	0.72	－13.45	74	0.67	0.37
60/40 无动量	10.86	10.77	0.47	－29.32	63	0.92	0.46
MSCI US 绝对动量	12.26	11.57	0.55	－22.90	75	0.74	0.13
MSCI US 无动量	11.62	15.74	0.37	－50.65	61	1.00	0.10

与单独投资美国股票相比，无绝对动量的60/40投资组合的价格波动和回撤确实有所下降。但是，它与标普500的月度强相关高达0.92，这说明该投资组合仍然具有股票市场的绝大部分风险。由于股市价格波动远高于债券，所以，股票市场的走势决定了60/40投资组合的风险。从风险角度来看，因为股票市场的风险几乎解释了该60/40投资组合的大部分风险，所以，该投资组合本质上就几乎是股票投资组合。

运用绝对动量的MSCI US指数，与标普500的相关度仅为0.74，远低于60/40投资组合与标普500的相关值0.92。运用绝对动量的MSCI US与60/40投资组合相比，回撤更低，回报更高。60/40投资组合如果运用绝对动量，其与标普500相关由原来的0.92降至0.67。运用绝对动量的60/40投资组合，其回报与正常MSCI US指数大致相同，但价格波动率只有一半，最大回撤减少超过70%。

图B.13显示了MSCI US指数和60/40投资组合（分别运用绝对动量和不运用绝对动量）的1、3、6和12个月的最大回撤。图B.14则显示了相同投资情形下滚动5年期的最大回撤。

传统的60/40投资组合在分散风险方面的作用甚微，

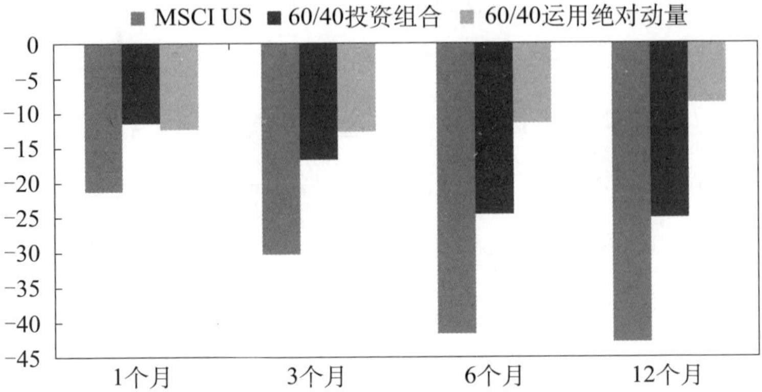

图 B. 13　1 个月到 12 个月最大回撤（1974—2012）

尽管就两种资产配置的资金来看很平衡。1900—2012 年，60/40 投资组合任何一年发生负的真实回报的概率是 35%，任何 5 年内发生的概率是 20%，任何 10 年内则是 10%。至于实质的最大回撤则是 66%。如果将简单的 12 个月绝对动量应用于 60/40 投资组合，可以获得市场水平的回报，并且下行风险也比较合理。图 B. 15 显示了 60/40 投资组合运用与不运用绝对动量的比较。与过去相比，绝对动量的顺势操作、市场效应更具价值。过去，由于全球各地市场间相关程度低，仅用分散投资的做法就可以降低下行风险。

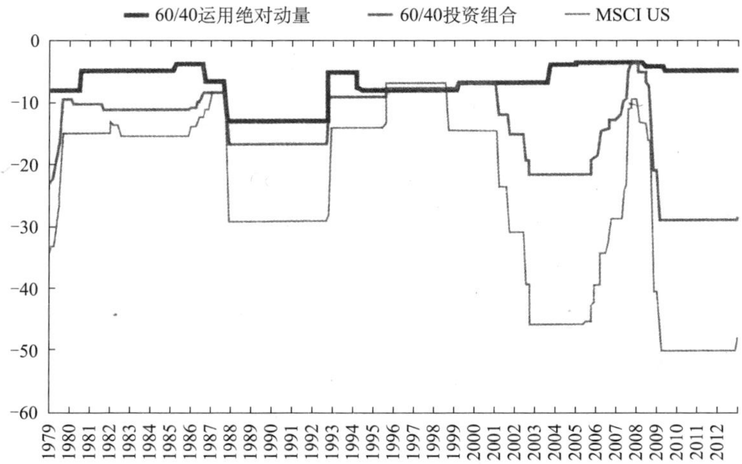

图 B. 14　滚动 5 年期最大回撤（1974—2012）

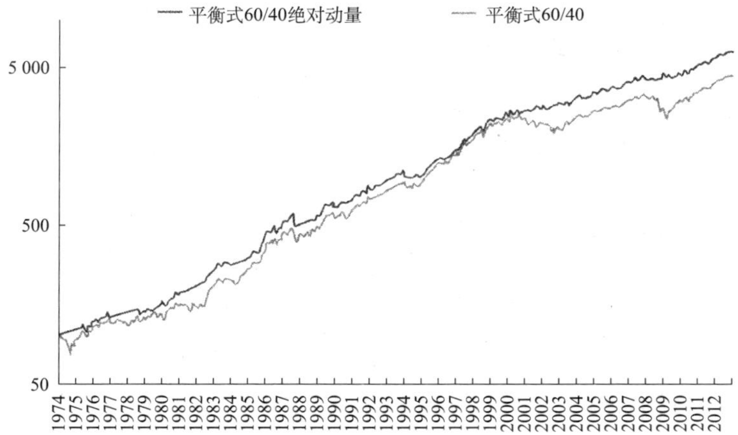

图 B. 15　平衡式 60/40 投资组合（1974—2012）

➤ 风险平价投资组合

避免 60/40 投资组合过分偏重股票投资的常用方法是进行更广的分散投资，或者加大固定收益资产的比重。例如，捐赠基金经常分散投资于私募股权基金、对冲基金等专门领域或者其他较高风险的可选投资。一些风险平价计划也会做广泛的分散性投资。另外，风险平价投资组合尝试将风险平均分配给组合内部的各类资产，所以，需要将更多的资金配置给价格波动率小的资产，如固定收益资产。例如，一个股债的混合投资组合至少需要配置 70％的债券，才能让股票与债券的风险程度相等。

构建风险平价投资组合的常用方法是，采用每种资产的价格波动率的倒数作为该资产头寸的权重，如此才能够把所有资产的风险常态化。这种处理方法也会带来一些问题。第一，我们需要确定回溯期间的长度间隔以及价格波动率的频次。这会导致数据探勘方面的偏差。第二，价格波动率与相关在本质上是不稳定、不固定的。因此使用这两个指标会引起另外的估计风险和潜在的投资组合的不稳定性。我们可以采用更简单的方法，实现与传统风险平价一样的效果。我们仍然从 MSCI US 与长期国债指数构成的 60/40 投资组合开始，再增加房地产（REIT）、信用债、黄金等三类资产，总共 5 类资产，权重相等。我们使用信用债来增加投资组合中的固定收益部分。信用债分散了固定收益资产的配置，其存续期间短于长期国债，且能提供一些信用风险溢价。REITs 提供了实物资产风险，还有额外的股票风险。黄金提供了与房地产不同的真实资产风险。黄金的价格波动率最高，只占平价投资组合的 20%，债券占比最高，达 40%。股票占比介于黄金与债券之间。

从起初有目的地构建我们的投资组合，我们就能够在不再增加任何风险的情况下，在固定收益、权益与真实资产间平衡我们的风险。我们也看到，在平价投资组合中增加绝对动量的使用，能减少并均衡所有资产类别的风险。

表 B.5 表明标普 500、10 年期公债、GSCI 商品指数分别跟 60/40 投资组合和平价投资组合相关，而两个投资组合又分别考虑运用与不运用 12 个月绝对动量。运用 12

个月绝对动量的平价投资组合，其与股票和债券的相关都很小，而且大致相等。由于通过绝对动量缓和下行风险，所以我们的投资组合得以达到风险平价，而且仍然保持固定收益资产的配置不超过投资组合的40%。

表 B.5　　　　月份相关（1974—2012）

	60/40 投资组合	60/40+ 绝对动量	平价 投资组合	平价+ 绝对动量
标普500	0.92	0.67	0.67	0.40
10年期公债	0.58	0.35	0.37	0.36
GSCI	0.05	0.06	0.25	0.19

对于高度平衡的投资组合来说，处在低成长、低通胀环境下，债券会有优异表现，得以维持投资组合；反之，在高成长、高通胀环境下，股票和REIT的表现较好，得以维持投资组合。表B.6显示了60/40投资组合与平价投资组合的绩效比较，包括整体期间与4个10年期，以及运用与不运用12个月绝对动量的情形。所有的资料表明，运用12个月绝对动量的平价投资组合，其夏普率最高，而回撤最低。图B.16显示了平价投资组合与60/40平衡式投资组合的走势，图B.17则显示了平价投资组合与其成分的走势。

表 B.6 平价投资组合与 60/40 平衡式投资组合（1974—2012）

	平价+绝对动量	平价投资组合	60+40 绝对动量	60/40 投资组合
所有样本				
年度回报率	11.98	11.28	11.52	10.86
年度标准差	5.75	8.88	7.88	10.77
年度夏普率	1.06	0.62	0.72	0.47
最大回撤	−9.60	−30.40	−13.45	−29.32
月份获利（%）	75	69	74	63
1974—1983				
年度回报率	15.78	13.10	11.37	9.41
年度标准差	7.20	10.05	6.88	12.35
年度夏普率	0.86	0.38	0.33	0.04
最大回撤	−6.31	−16.89	−8.19	−22.95
月份获利（%）	80	64	81	52
1984—1993				
年度回报率	12.34	10.19	14.48	15.63
年度标准差	4.98	5.62	9.78	11.40
年度夏普率	1.09	0.62	0.75	0.73
最大回撤	−4.28	−6.53	−13.45	−16.99
月份获利（%）	78	71	79	68
1994—2003				
年度回报率	9.06	9.45	12.10	10.86
年度标准差	4.65	6.66	8.23	10.05
年度夏普率	0.99	0.74	0.90	0.62
最大回撤	−4.87	−7.56	−8.16	−22.14
月份获利（%）	72	73	69	64
2004—2012				
年度回报率	10.69	12.55	7.84	7.34
年度标准差	5.78	12.12	5.92	8.80
年度夏普率	1.47	0.84	0.99	0.61
最大回撤	−9.60	−30.40	−5.03	−29.32
月份获利（%）	69	70	67	69

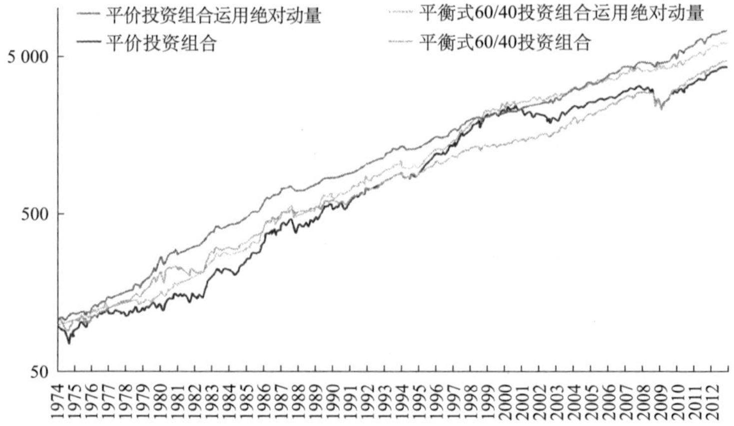

图 B.16　平价投资组合与 60/40 平衡式投资组合（1974—2012）

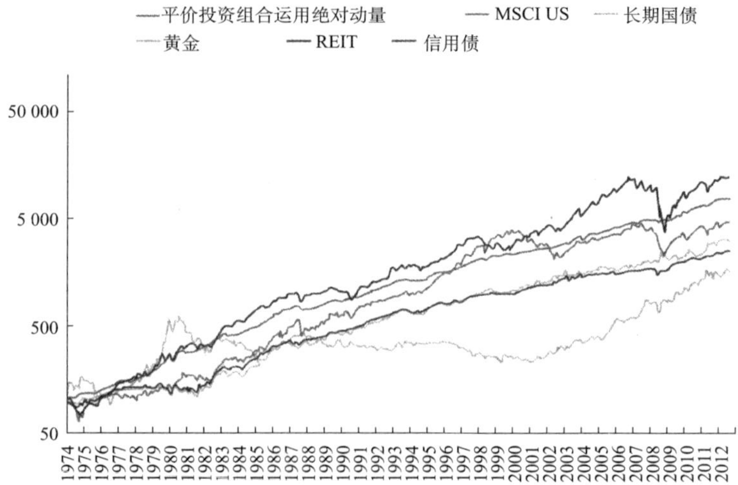

图 B.17　平价投资组合与其成分（1974—2012）

图 B.18 显示了滚动式 12 个月投资组合回报的跨四分位差区间。图 B.19 显示了运用与不运用绝对动量的平价投资组合的月回报差异。2008—2009 年期间，价格波动稍有增加，可是，所绘制的趋势线表明平均回报差异在时间上保持稳定。

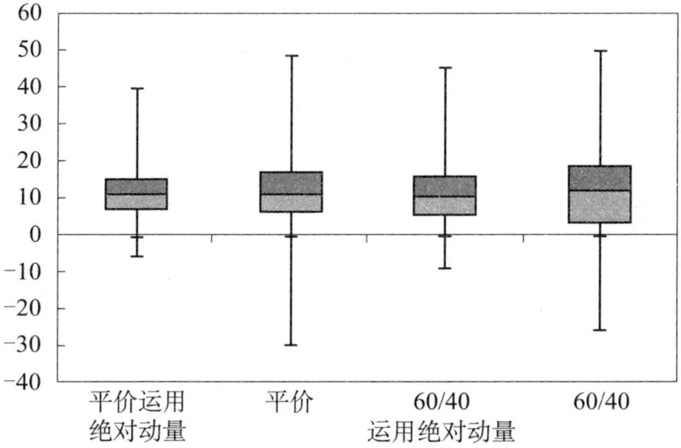

图 B.18　滚动式 12 个月回报（1975—2012）

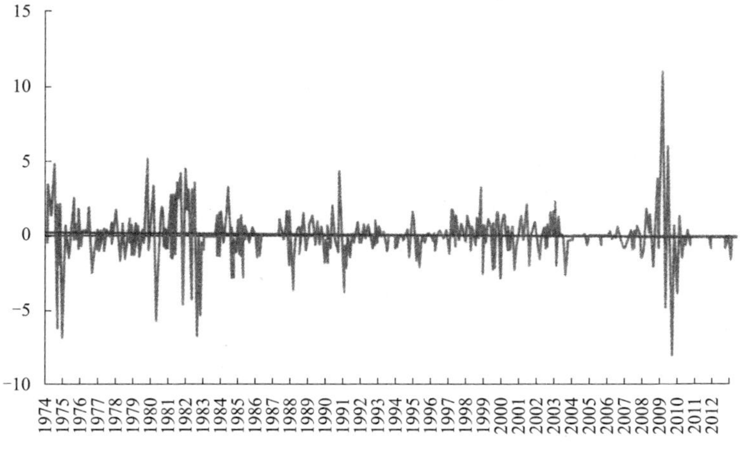

图 B.19　平价投资组合绩效的月份差异（1974—2012）

➤ 风险平价投资组合回撤

12 个月绝对动量运用于平价投资组合，能显著减低回撤的效果，就如同将其运用于个别资产或者 60/40 投资组合一样，如图 B. 20 与 B. 21 所示。

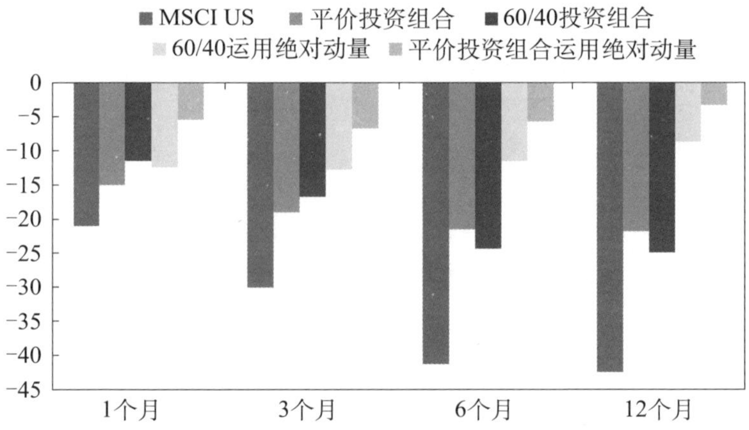

图 B. 20　1～12 个月的最大回撤（1974—2012）

表 B. 7 显示了平价投资组合运用绝对动量后，如何随基本市场状况而变化，避开了股票市场 1974 年开始的重大跌势。

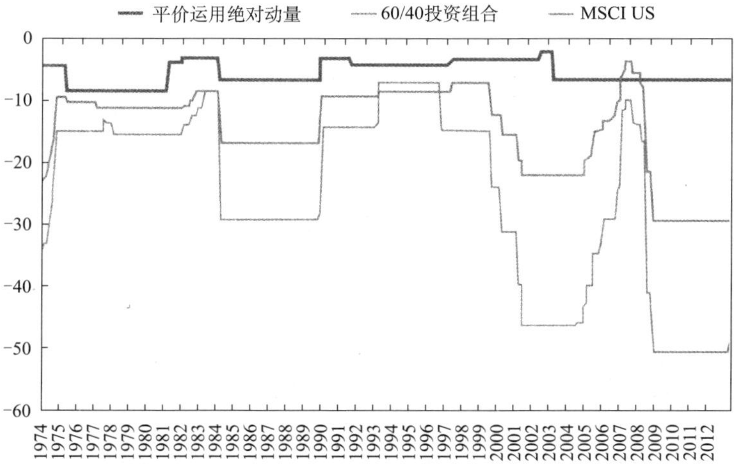

图 B.21　滚动式 5 年期最大回撤（1974—2012）

表 B.7　股票市场最大回撤（1974—2012）

	MSCI US	60/40 投资组合	平价＋绝对动量
1974.3—1974.9	－33.3	－22.4	＋2.2
1987.9—1987.11	－29.4	－17.0	－1.7
2000.9—2001.9	－30.9	－15.4	＋5.4
2002.4—2002.9	－29.1	－12.2	＋7.3
2007.11—2009.2	－50.6	－29.3	－0.4

图 B.22 的纵轴代表平价投资组合的季度回报，横轴对应标普 500 的季度回报。利用这张图形，可以清楚地看到，绝对动量运用于平价投资组合，能够有效缓解股票市场亏损。

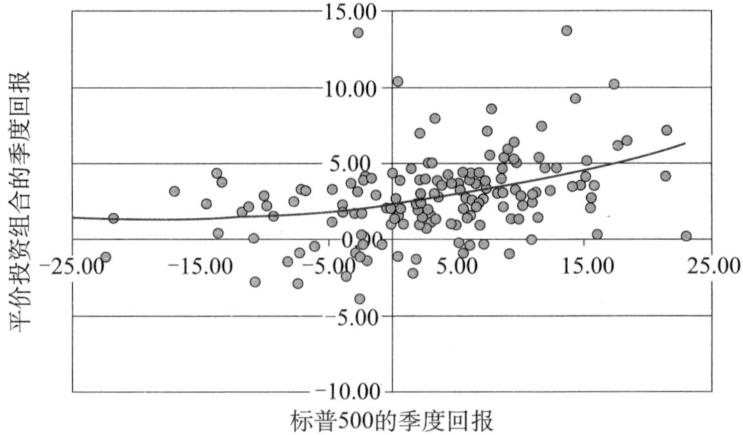

B.22 季度回报：平价投资组合与标普 500（1974—2012）

随机优势

由于金融市场可能出现不确定的方差，以及自身相关的互相依存的回报分布，所以，当我们进行分析比较时，最好采用稳健或非参数的方法。二阶随机优势就是这类方法。换句话说，如果可预测程度更高，风险较低，而且平均回报至少相同，投资者就会更偏好其结果。图 B.23 分别显示了运用与不运用绝对动量的平价投资组合月份回报累计分布函数。

运用 12 个月绝对动量的平价投资组合，相对于不运用绝对动量的对应组合，发生亏损的概率较低，获利的概

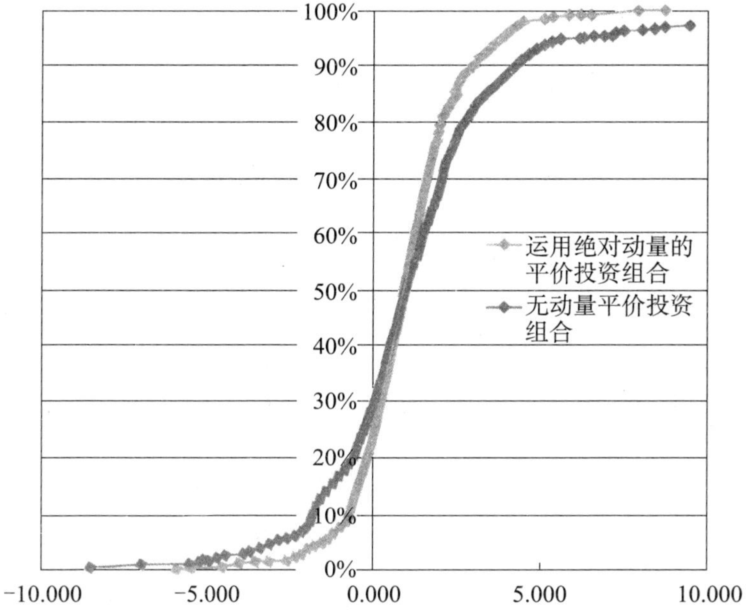

图 B. 23　累计分布函数（1974—2012）

率较高。另外，运用 12 个月绝对动量的平价投资组合，其平均数大于对应的不运用绝对动量组合，所以厌恶风险的投资人，由于二阶随机优势的存在，永远更喜欢运用动量的平价投资组合。

➤ 资金杠杆

风险平价投资组合经常持有相当多的固定收益成分，

经理人为了实现可以接受的期望回报，往往必须采用资金杠杆的操作手段。我们清楚，绝对动量能够降低平价投资组合的价格波动，同时还保留了股票水平的回报，所以，对于资金杠杆手段的依赖程度就大不相同。

但是，由于绝对动量平价投资组合的期望回撤低，人们或许仍然希望使用杠杆手段提升期望回报，就如同很多风险平价投资组合所做的。表 B.8 与图 B.24 显示，绝对动量平价投资组合使用杠杆手段，把年度价格波动水平提升到正常 60/40 组合的长期价格波动水平附近。在此采用的融资成本为联邦基金理论加上 25 个基点，杠杆比率为 1.85∶1。

表 B.8　　平价投资组合（1974—2012）

	杠杆平价＋绝对动量	平价投资组合＋绝对动量	平价投资组合＋无动量
年度回报率	16.87	11.98	11.28
年度标准差	10.61	5.75	8.88
年度夏普率	0.98	1.06	0.62
最大回撤	−18.44	−9.60	−30.40
偏态	0.07	0.16	−0.82
超额峰态	2.77	2.70	7.04

杠杆操作投资组合涉及很多不同层面的风险，比如：肥大尾部风险、市场流动风险、交易对手风险、基差风险、相关收敛风险等。由于大多数风险平价投资规划都持有50%以上的固定收益证券资产，所以未来的最大风险还是利

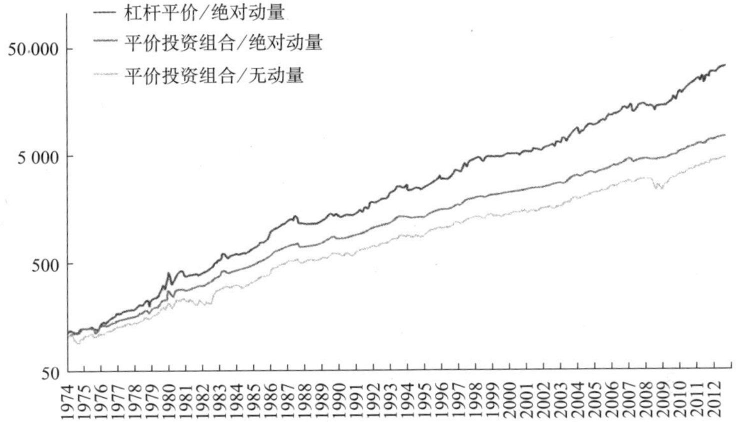

图 B.24 平价投资组合（1974—2012）

率上升。如果名义利率回到历史正常水平 6%，则长期债券价格可能会下跌 50%。至于此处谈到的绝对动量平价投资组合，它对于市场基本面状况的适应能力，远超过正常风险平价投资计划，应该可以在利率上升期间，及时出清固定收益证券，因为其所具备的顺势操作性质决定了应该如此。一般来说，绝对动量是杠杆操作手段的好帮手。

因素定价模型

表 B.9 显示了 12 个月绝对动量平价投资组合与美国股票市场之间的回归分析结果，分别应用单因素资本资产定价模型（CAPM）、3 因素法玛/法兰西模型（纳入市场、规模与价值风险等）。此外，我们考虑了 4 因素法玛/法兰西模型（加入相对动量）、6 因素模型（加上巴克莱资本美国整体债券与标普 GSCI 商品指数的超额回报）。

由于我们的平价投资组合是只做多策略，自然就会看到股票、债券与 GSCI 等因素具有高度显著性的系数。绝对动量捕捉了某些显著的剖面动量 β。在四个模型中，我们的绝对动量平价投资组合都提供了非常显著的 α。

表 B.9　　因素模型系数（1974—2012）

	年度 α	市场 β	小型 β	价值 β	动量 β	债券 β	GSCI β	R^2
6 因素模型	3.82** (4.10)	0.159** (6.90)	−0.044 (1.51)	0.039 (1.41)	0.078** (2.75)	0.259** (3.28)	0.045** (4.56)	0.23
4 因素法玛/法兰西模型	4.07** (4.28)	0.167** (7.84)	−0.061* (2.00)	0.054* (2.01)	0.092** (3.39)	—	—	0.21
3 因素法玛/法兰西模型	5.24** (5.99)	0.149** (6.54)	−0.071* (2.38)	−0.017 (0.86)	—	—	—	0.17
单因素模型	4.97** (5.62)	0.139** (6.29)	—	—	—	—	—	0.15

注：(1) 括号内为 Newey-West (1987) 的稳定 t 统计量，经过序列相关与可能的异质变异性调整。

(2) ** 与 * 分别代表 1%和 5%的统计显著水平。

结论

考尔斯和琼斯首先在 1937 年公开发表了有关 12 个月动量的研究。从此以后，动量的运用就受到普遍重视。相比之下，相对强度动量（观察特定资产与其同类资产之间的绩效比较）更受到学者与投资者的青睐。但是，相对动量是观察价格强度的次要方法。绝对动量（衡量特定资产与其本身过去的绩效比较）是使用更直接的方式观察应用市场趋势，借以判定价格是否持续发展。

透过绝对动量判断趋势，可以帮助克服下档风险，利用市场基本面变化的机会，实现更高的风险调整后回报。就我们的运用来说，绝对动量是一种简单的法则方法，很容易执行。我们只需要比较其回报是否大于国债利率，就能判断前一年的趋势向上还是向下。

我们已经看到 12 个月的绝对动量如何运有效运用于过去 39 年的数据，协助改善各种投资回报-风险性质。对于多种资产的投资组合来说，绝对动量作为辅助策略，颇具价值。风险型平价投资组合如果运用绝对动量，由于其与股票和债券等传统资产之间的相关性很低，因此可以作为核心投资组合，或者替代性资产组合。

正如本文所主张的，绝对动量可以提升核心投资组合的期望回报，降低期望回撤。这能有效协助构建基本的股票/债券配置，比如 60/40 平衡式组合，能够在不大量持有固定收益投资工具的情况下，避免承担过高的利率风险，实现期望的收益。事实上，如果把绝对动量运用于单纯股票的投资组合，将可以降低或者甚至排除运用固定收益工具作为分散投资的必要性。除此之外，投资人运用绝对动量，也可以减少或者排除信用扩张，或选择避险基金、私募基金等高风险替代投资，乃至于避免构建可能存在数据探勘偏差的投资组合。

绝对动量还有其他潜在的用途。与管理型期货相比，简单的绝对动量是更有效的替代工具（Hurst，Ooi and Pedersen，2014）。这也可以用于替代期权投资策略，不仅保留更多的上行获利能力，同时也可提供更大的下行风险的保障。对于规避较高的尾部风险，绝对动量也是有效的可供选择的方法。使用绝对动量，可以避免运用那些期望回报偏低的边际资产做积极避险。投资人如果希望利用高风险资产，或使用资金杠杆手段来提升回报，那么因为 12 个月绝对动量能够降低绝对期望回撤，因此可能更为适用。

虽然存在各种可能的使用方法，但绝对动量作为投资策略与风险规避工具，都没有得到应有的重视。有关 12 个月绝对动量，我们已经发展了超过本书介绍范围的各种变形或改进后的方法。可是，即使在此介绍的最简单的形式，所有投资人如果能够熟悉绝对动量，不论作为独立运用的策略，还是作为战术性辅助策略，用来改进任何资产或投资组合的风险调整后收益，都能受益匪浅。

致谢

如果说我能看得更远，那是因为我站在了巨人的肩膀上。

——牛顿

如果没有过去 80 年来许多前辈们致力于动量的研究，我绝不可能完成这本书。我要特别感谢阿尔弗里德·考尔斯三世（Alfred Cowles Ⅲ）和赫伯特·琼斯（Herbert E. Jones），他们通过手工计算，在 1937 年发表了第一份有关动量计量研究的资料。当今的从业者——包括我在内——仍在使用考尔斯和琼斯当初呈现的方法。

我要感谢卫斯理·格雷（Wesley

Gray)，是他鼓励我把这些想法诉诸文字。卫斯理和他的同事大卫·福尔克（David Foulke）针对本书的内容提出了许多宝贵的意见。

我要感谢托尼·库珀（Tony Cooper）对于本书的精辟评论和贡献。我也要感谢谢里尔·贝克沃（Cheryl Becwar）、里卡尔多·龙科（Riccardo Ronco）、查尔斯·（比尔）怀特（Charles W.（Bill）White）和约翰·哈丁（John Hardin）等人提出的宝贵意见。最后，我要感谢协助我完成本书的编辑团队乔纳森·洛拜托（Jonathan Lobatto）、史蒂芬·米勒博士（Dr. Stephen Miller）、拉里·佩尔（Larry Pell）和凯拉·基茨（Kyra Kitts），感谢他们的热忱帮助。

数字黄金

比特币鲜为人知的故事

［美］纳撒尼尔·波普尔　著

艾博　译

比特币被看作继互联网之后最重要的新事物之一。本书通过大量采访、挖掘，生动刻画了比特币兴起背后的各色人等及他们的故事，让我们对过去十几年金融的革命性创新一目了然，为我们奉上了一部比特币和金融科技的快节奏大片。

如果你想搞清楚未来的钱会是什么样子的，加紧抢滩金融科技和数字经济，本书不可不读。

《纽约时报》《金融时报》及麦肯锡年度推荐图书。

入围第一财经年度金融书籍。

如果巴西下雨，就买星巴克股票

【美】彼得·纳瓦罗　著

牛红军　译

读懂财经新闻、把握股市逻辑的最佳读物。

投资大师吉姆·罗杰斯倾力推荐。

牛熊市的不同阶段哪些板块表现最好？经济政策和货币政策如何影响股市？怎样在各种新闻中捕捉牛股的蛛丝马迹？本书提供了大量绝佳的案例，为你深入浅出地分析如何利用新闻和经济事件选股。

白宫国家贸易委员会主任彼得·纳瓦罗力作。

Gary Antonacci

Dual Momentum Investing: An Innovative Strategy for Higher Returns with Lower Risk 0071849440

北京市版权局著作权合同登记号：01-2016-4010